Gerhard Vilmar

Der Mental- Coach

Herstellung und Verlag: Books on Demand GmbH, Norderstedt

ISBN-13: 9783837030365

Bibliografische Information der Deutschen Bibliothek: Die Deutsche
Bibliothek verzeichnet diese Publikation in der Deutschen
Nationalbibliografie; detaillierte bibliografische Daten sind im Internet unter
http:/dnb.ddb.de abrufbar.

für Sascha und Katja

Inhaltsverzeichnis

Einleitung

Seien Sie eine Hauptfigur in Ihrem Leben!
Werden Sie wesentlich!
Setzen Sie sich Ziele - erreichbare Ziele!
Erfolge werden im Kopf entworfen, denn Gedanken
schaffen Kräfte!

Das Mentaltraining kann Ihnen dabei helfen, Ihren Zielen
näher zu kommen. Und es wird Sie dabei unterstützen, ein
bewussteres und erfüllteres Leben zu führen.

Mit all unserem Denken und Tun möchten wir erreichen,
dass wir uns (und anderen) eine bessere Geschichte über uns
selbst erzählen können. Hierfür müssen die notwendigen
Fähigkeiten und Ressourcen zur Verfügung gestellt werden.

Doch neues Verhalten wird nach dem Vor-Bild früherer
Erfahrungen gesteuert. Die Welt wird nie so erlebt, wie sie
ist, sondern stets mit dem abgeglichen, was bislang über sie
gelernt wurde. Wir folgen den Modellen, die in den
Gedächtnissystemen gespeichert wurden. Weil die dabei
angestoßenen Erwartungen auf das aktuell Erlebte projiziert
werden, wird die Welt mehr konstruiert als wahrgenommen.
Alle Erlebnisse und Erfahrungen werden durch die Brille der
Vergangenheit gesehen. Ein Irrtum in der Zeit!

Es ist also sinnvoll, sich der verinnerlichten Modelle bewusst
zu werden, bevor neue mentale Verknüpfungen hergestellt

7

werden können. Dann erst können neue Bahnungen im Hirn erfolgreich gebildet werden und neue Bilder und damit neue Handlungen einen kreativen Weg ins Leben finden.

Genau dies ist der Weg, den ich Ihnen vermitteln möchte. Es geht mir nicht um die schnelle „Erleuchtung" sondern um die mentale Einübung neuer Sichtweisen, Erfahrungen und Verhaltensweisen. Erst wenn Sie sich von den alten Erlebnis- und Verarbeitungsmustern hinreichend gelöst haben, werden Sie frei sein, um sich aus der Wahrscheinlichkeitswolke des Möglichen Ihren ganz persönlichen Tag zu erschaffen.

Dabei gilt es, ein ewiger Anfänger zu bleiben, ein Anfänger, der mit stets neuen, wachen, offenen und erstaunten Kinderaugen auf die Welt schaut - unvoreingenommen, neugierig und bereit, das mit allen Sinnen Wahrgenommene in den eigenen Erfahrungsschatz und die Gestaltung der Zukunft zu integrieren, aus all diesen Zutaten neue neuronale Verknüpfungen zu speisen und damit Neues zu entdecken. Es geht schließlich um die gezielte Herbeiführung positiver Lebenserfahrungen.

Natürlich kann dieses kleine Büchlein nur ein Denkanstoss sein. Es möchte Sie motivieren, die inneren Möglich-keitsräume neu auszuloten. Erlernen können Sie es am besten in einem Kurs, oder einer persönlichen Coaching-Sitzung, eine Situation, die Ihnen auch die Möglichkeit gibt, auf Ihre individuellen Fragen einzugehen.

Ich wünsche Ihnen viel Freude beim Lesen -
und gutes Gelingen!

Ihr Gerhard Vilmar

Nicht die Tatsachen selbst machen das
Leben schwer, sondern unsere Bewertung
der Tatsachen.
Epiktet

Geschichte des Mentaltrainings

Überlegungen zur Kraft mentaler Veränderung finden sich in
allen Zeiten, meist im Zusammenhang mit philosophischen
Überlegungen, Glaubensfragen und Mysterien. Die
entscheidenden Ansätze für das, was wir heute
Mentaltraining nennen, entstanden in der zweiten Hälfte des
19. Jahrhunderts. Es beginnt mit dem Vater der
Autosuggestion, Emile Coué, der in seinem Werk
wesentliche Gedankenströmungen seiner Zeit bündelt.

Als Emile Coué im Jahr 1857 in einer Kleinstadt im
Nordosten Frankreichs geboren wird, ist die Welt in
Aufbruchstimmung. Gustave Flaubert schreibt „Madame
Bovary", einen der berühmtesten und wichtigsten Romane
der Weltliteratur. Zwei Jahre später erscheint die „Kritik der
politischen Ökonomie" von Karl Marx und Charles Darwins
Buch „Die Entstehung der Arten". 1869 wird der Suezkanal
eröffnet, 1889 entsteht zur Weltausstellung in Paris der
Eiffelturm. Das Telefon wird erfunden (Grey und Bell,
1876), die Glühbirne (Edison, 1879), die Impfung entdeckt
(Pasteur, 1879). Gottlieb Daimler und Carl Benz bauen das
erste Benzinauto und 1889 wird der erste internationale
Kongress für Psychologie in Paris abgehalten. Ein Jahr
später veröffentlicht William James, einer der Väter der
modernen Psychologie, das erste wissenschaftliche Buch zu
psychologischen Prinzipien; mit einem Kapitel über die
Funktionsweise des Gehirns.

Vom Beginn der Psychologie

Es ist also auch die Anfangszeit der Psychologie. Franz Anton Mesmer (1734-1815) hatte zu Beginn des 19. Jahrhunderts in Wien und später in Paris die Grundzüge der Hypnose, des „magnetischen Schlafs", erarbeitet. In Nancy entwickelten A.A. Liébault (1837-1919) und Hippolyte Bernheim (1837-1919) die Grundlagen der Hypnotherapie. In Paris hatte Jean-Martin Charcot (1825-1893), „ein brillanter Wissenschaftler und Salonlöwe, die Hypnose den Quacksalbern und Scharlatanen entrissen" (Gay, 1889).

Sigmund Freud, damals noch Neurophysiologe in Wien, war in den 80-er Jahren des 19. Jahrhunderts mit Forschungen zur Gehirnanatomie beschäftigt. Er reiste 1885 nach Paris und machte in Charcots Laboratorien an der weltberühmten Salpetrière Untersuchungen an Kinderhirnen. Freud war fasziniert von Charcots Fähigkeit, die Hypnose bei Hysterikern für die psychische Heilung einzusetzen. Er übersetzte später Charcots Bücher ins Deutsche.

Vier Jahre später besuchte er auch Bernheim in Nancy. Dieser vertrat zusammen mit Liébault die Auffassung, dass die Hypnose nicht nur ein hysterisches sondern ein normales, unpathologisches Phänomen sei. Sie sei Teil der Suggestion, nicht von Magneten oder Metallen beeinflussbar und wirke darum bei allen Menschen. Mit seinen daraufhin vorgenommenen hypnotischen Experimenten, die er aber schon bald nicht mehr fortführte, legte Freud zu Beginn der 90-er Jahre die Grundlagen für die Psychoanalyse.

Émile Coué – Vater der Autosuggestion

Doch noch einmal zurück zu Emile Coué. Nach dem Studium der Pharmazie kehrt er in seine Geburtsstadt Troyes zurück und eröffnete eine Apotheke. Er ist fasziniert von Entwicklungen der Psychologie und stellt fest, dass es den Patienten deutlich besser geht, wenn er ihnen nicht nur das verschriebene Medikament aushändigte, sondern auch eine suggestive Komponente damit verknüpft. „Mit diesem Medikament werden Sie sicher ganz schnell gesund!", ist einer seiner suggestiven Sätze.

Seine Behandlungserfolge sprechen sich rasch herum und schon 1902 verlässt er seine Apotheke und eröffnet in Nancy ein eigenes Institut, in dem er die systematische Autosuggestion lehrt. Dabei betont er immer die persönliche Unabhängigkeit: „Ich habe keine Heilkraft, nur Sie selbst." Viele bedeutende Persönlichkeiten wenden sich an ihn, Schriftsteller, Wissenschaftler und andere. Auf seiner zweiten USA-Reise im Jahr 1924, ein Jahr vor seinem Tod, sucht ihn auch Henry Ford auf.

Im Mittelpunkt von Coués Überlegungen stehen zwei wesentliche Erkenntnisse:

- Jede Suggestion ist eine Autosuggestion.
- Die Vorstellung ist stärker als die Willenskraft.

Denn wer den Willen einsetzt, so Coués These, wird eher das Gegenteil von dem erreichen, was er anstrebt. „Der Schlüssel zu meiner Methode liegt in der Erkenntnis der Überlegenheit der Vorstellungskraft gegenüber dem Willen" (Coué, 1997).

Coués bekannteste „Formel" für die Selbstbeeinflussung ist der folgende Satz:

„Tous les jours, á tous points de vue, je vais de mieux en mieux." („Es geht mir jeden Tag in jeder Hinsicht besser und besser").

Dabei steht in der französischen Originalformulierung der Handelnde aktiv im Zentrum der Initiative! Diese Formel soll

täglich beim Aufwachen und kurz vor dem Einschlafen halblaut vor sich hin gesprochen werden, unangestrengt, wie eine Litanei oder ein Mantra. Coué nennt dies die „heilende Selbstbesprechung."

Das Autogene Training, Psychosomatik und NLP

Das Autogene Training, das der Nervenarzt J.H. Schultz (1884-1970) in Berlin 1927 erstmals vorstellt und 1932 veröffentlicht, nutzt ähnlich positive Formulierungen für die sogenannte „formelhafte Vorsatzbildung". Es werden Formeln für viele körperlichen Erkrankungen beschrieben, aber auch für persönliche Zielsetzungen, wie z.B.: „Gelassen und heiter bring ich es weiter!" oder: „Ich bin heiter, zufrieden und satt!"

Aufbauend auf den Entspannungsübungen der Grundstufe (Wärme, Schwere, Ruhe) werden diese Formeln eingeübt und ermöglichen eine Selbsthypnose. Sie können in der Vorstellung gesprochen oder geschrieben sein, z.B. an die Innenseite der Stirn, mit eigener Schrift oder wie eine Leuchtreklame.

In der Oberstufe des Autogenen Trainings geht es mit Hilfe aktiver Visualisierungen darum, ein besseres Verständnis für sich zu entwickeln und neue Lösungen erarbeiten zu können. Das Autogene Training ist völlig unabhängig vom kulturellen Umfeld und Weltanschauungsfragen, es kann schnell erlernt und überall ohne weitere Hilfsmittel angewandt werden.

Der amerikanische Arzt Carl Simonton (1989) und seine Mitarbeiterin Jeanne Achterberg (1989) nutzen, unter anderem auf der Basis Ihrer Forschungen bei Schamanen, die heilsamen Kräfte innerer Visualisierungen bei Krebspatienten. In der Psychotherapie, insbesondere bei der Behandlung von Opfern schwerer traumatischer Erlebnisse, wird die Imagination ein wichtiges Hilfsmittel (z.B. Kast, 2003; Reddemann 2001).

Für die Frage des Lebensalters nimmt man heute an, dass es zu etwa einem Drittel über die Gene bestimmt wird, zu einem Drittel über das Verhalten und zu einem Drittel über die mentalen Einstellungen und Verarbeitungsweisen.

Zu Beginn der achtziger Jahre des vergangenen Jahrhunderts versuchen zwei amerikanische Professoren, John Grinder und Richard Bandler, das Außergewöhnliche in der Kommunikation erfolgreicher Therapeuten zu ergründen. Sie entwickeln das Neurolinguistische Programmieren.

Das NLP basiert auf der Erkenntnis, dass das Unbewusste auf emotional eingefärbte Bilder reagiert und die Tendenz hat, diese Bilder Wirklichkeit werden zu lassen. Somit erscheint es möglich, zu dem Menschen zu werden, der man sein möchte. Ziel dieser Methode ist also das innere Umprogrammieren mit Worten und Vorstellungen.

Selbstprogrammierung

Nachdem das Mentaltraining also jahrzehntelang eine vorwiegend therapeutische Methode war, wurde es parallel und im Verlauf der Jahrzehnte immer mehr von Veröffentlichungen über persönliche Erfolgsstrategien beeinflusst. Hier ist vor allem das Buch des Amerikaners Napoleon Hill (1883-1970) „Denke nach und werde reich" zu nennen, das 1937 erschien. Wesentliche Gedanken waren von ihm bereits 1928 veröffentlicht worden.

Für ein Zeitungsinterview traf sich Hill 1908 mit dem Industriellen Andrew Carnegie, damals einer der reichsten Männer der Welt. Der war fasziniert von seiner Idee, aus den individuellen Erfolgsrezepten großer Männer ein „Destillat" für eine Erfolgsformel für jedermann machen zu können. Hill interviewte im Auftrag Carnegies in den folgenden 20 Jahren 500 self-made-Millionäre und beschrieb deren persönliche Sichtweise für die Gründe ihres Erfolgs. „Denke nach und werde reich" ist eines der am meisten verkauften Bücher der Welt.

Mit 36 veröffentlichten Büchern ist Joseph Murphy (1898-1981) sicherlich der bekannteste Autor zum Thema der Nutzung unbewusster Prozesse. In Irland geboren, wanderte er 1922 in die USA aus, studierte Jura und Religionswissenschaften, war jahrzehntelang Vorstand der Church of Divine Science in Los Angeles und wurde bereits mit seinem ersten Buch, „Die Macht Ihres Unterbewusstseins" (1962) weltberühmt. Im Mittelpunkt seines Werks steht die von der Bibel beeinflusste These, dass der Glaube Berge versetzen kann.

Seinem christlichen Hintergrund folgend, propagiert Murphy, wie zuvor schon Carnegie, das „wissenschaftliche Gebet", mit dem sich Einfluss auf das Unterbewusstsein nehmen lasse. Viele Thesen waren von Coué übernommen, führten aber auch andere Aspekte zusammen: Autogenes Training, positives Denken, kreatives Träumen, sich selbst erfüllende Prophezeiungen. Murphys Ziel ist es, durch seine Methode gelassener, zufriedener und erfolgreicher zu werden.

In Anlehnung an Murphy gibt es viele Veröffentlichungen, wie etwa das Buch „Alpha-Training" von Margarete und Günter Friebe (1983), „Bestellungen im Universum" von Bärbel Mohr (2002) oder „Stell dir vor" von Shakti Gawain (2005).

In den letzten beiden Jahrzehnten findet sich das Mentaltraining in sehr unterschiedlichen Bereichen. Viele Autoren verleiten leider zu der Sichtweise, dass Veränderungen und Wunscherfüllungen schnell und einfach erreichbar sind. Macht und Erfolg, Schönheit und Reichtum stellen sich unter zwei Bedingungen ein: konsequentes Training und vor allem der widerspruchslose Glauben an den Erfolg. Dann reichen angeblich sogar wenige Tage Visualisierung. Danach soll man loslassen und sich gar nicht mehr mit den Zielvorstellungen beschäftigen, denn das Ziel, sofern es zu einem passt und keine Nachteile für andere Personen mit sich bringt, wird sich von ganz alleine einstellen.

Persönlichkeits- und Motivationstraining

Aspekte des Mentaltrainings finden sich bei allen Persönlichkeits- und Motivationstrainern. Viele von ihnen haben mittlerweile etwas zum Mentaltraining geschrieben. Doch werden bewährte Methoden, die letztendlich auf einer sinnvollen Langsamkeit beruhen, also dem inneren Tempo des Klienten folgen sollten, häufig zu Turbo-Programmen der Veränderung. Und es klingt, vielleicht gerade deshalb, relativ unkompliziert und schnell erreichbar.

Und schließlich begegnen wir dem mentalen Training immer wieder in Zusammenhang mit den Erfolgen von Spitzensportlern. In der Sportpsychologie werden innere „Landkarten" für die einzelnen Sportarten entworfen

15

(Eberspächer, 2001; 2004), die den linearen Weg zum sicheren Erreichen des gesteckten Ziels aufzeigen.

Doch das Mentaltraining ist nicht nur eine Methode zum Erreichen bestimmter Ziele, es hilft auch bei der persönlichen Weiterentwicklung. Es fordert heraus, genau zu überlegen, was man will. Es fordert und fördert ein bewussteres Leben und Erleben.
Denn man kann nur trainieren, wenn man Ziele definiert. Und sinnvolle Ziele sind meist nicht so einfach zu finden. Die Ziele sollten konkret sein und es sollten vor allem ganz persönliche Ziele sein. Es gilt, die Welt in Harmonie mit unserer ureigensten Persönlichkeit zu bringen. Denn wir wissen, zumindest tief in unserem Unterbewussten, dass Erfolg und Besitz vergänglich sind, wir aber „schuldig" werden können, wenn wir unseren Talenten nicht die Möglichkeit gegeben haben, wirksam zu werden.

Also gilt es, persönliche Ziele zu finden. Und dazu machen wir erst einmal einen kleinen Ausflug in unser Gehirn, um zu verstehen, wie es funktioniert und wie wir es noch besser für unsere Ziele nutzen können.

Neuropsychologische Grundlagen

Die Grundstruktur unseres Gehirns ist im Wesentlichen durch die Gene vorgegeben. Der Gesamtplan kann jedoch durch Umwelteinflüsse maßgeblich modifiziert werden. Dabei sind unzählige Organisationsmuster möglich. Denn Ereignisse, Erlebnisse und Lebensstil steuern die Aktivität von Genen und bestimmen, wie sich unsere Neuronen miteinander verbinden und sich Hirnstrukturen verändern. Das Gehirn beträgt nur 2,5% unseres Körpergewichts, aber es verbraucht 20% der zugeführten Energie. Es kann in keiner Weise mit einer Festplatte zur Datenspeicherung verglichen werden, weil es nicht nur Informationen abspeichert, sondern sich selbst flexibel an die aktuellen Gegebenheiten anpasst und mit dem konstanten Input beständig völlig neue Verknüpfungen schafft.

Das Gehirn lernt immer! Doch was? Wir sollten es mit guter „Nahrung" versehen, mit guten äußeren Bildern, die zu guten inneren Bildern werden können. Zwar verbringt der durchschnittliche Deutsche im Laufe seines Lebens etwa 2 Jahre im Traum. Aber er sitzt 13 Jahre seines Lebens vor dem Fernseher. Unsere Jugendlichen sind heute im Tagesdurchschnitt länger vor einem Bildschirm (Computer, Fernseher, Playstation ...) als in der Schule. Viel Junkfood für die Nervenzellen, wenn es um die üblichen Fernsehserien, Krimis, Zeichentrickfilme, Spiele und selbstgemachten Videos geht..

Was früher undenkbar erschien, ist nun wissenschaftlich erwiesen: zeitlebens werden neue Nervenzellen gebildet. Aber diese wachsen nur dann zu funktionstüchtigen Neuronen heran, wenn Anregungen und Aktivität geboten werden. Routine führt zum Verlust kreativer Möglichkeiten. Und die Nervenzellen wachsen auch bei körperlicher Bewegung! Dies fördert nämlich ebenfalls die Neubildung und Vernetzung. Wer also körperlich und geistig aktiv ist, wer innerlich und äußerlich beweglich bleibt, kann sogar, wie neuere Untersuchungen zeigen, Alzheimer-Ausfälle wesentlich länger kompensieren. Unser Gehirn besitzt eine unbegrenzte Lernfähigkeit! Und weil es Vermittler zwischen unserem inneren Milieu und der Umwelt ist, sollten wir es fordern und damit fördern. „Use it or lose it", sagen die amerikanischen Neurobiologen. „Der Übergang vom Affen zum Menschen sind wir," sagt Konrad Lorenz.

Neuroplastizität

Mentaltraining und Psychotherapie nutzten die gleichen Wirkmechanismen. Über Lernen und Erleben werden dauerhaft die biologischen Strukturen des Gehirns verändert. Jede neue Erfahrung erzeugt im Gehirn ein Aktivierungsmuster. Es kommt zu Verschaltungen, die später als genutzt werden, um sich in der Welt zurechtzufinden. Jedes Neuron kann mit bis zu 20.000 anderen Neuronen verbunden sein. Je größer der Input, desto mehr Verbindungen werden geschaffen – Ausdruck einer gesteigerten Vielfalt und inneren Vernetzung. Diese Neuroplastizität besteht bis ins höchste Alter und ist auch Grundlage der modernen Psychotherapie: Nicht mehr das

Verstehen steht im Vordergrund sondern das aktive Tun, das Üben. Es geht um die gezielte Herbeiführung guter Erfahrungen.

Dabei beginnt der Prozess der neuronalen Vernetzung bereits im Mutterleib. Schon hier werden Stimmungen, Gerüche, Geschmacksvarianten, Musik etc. abgespeichert, die später sogar wieder aktiv aufgesucht werden (z.B. ähnliche Lebensmittel, wie sie die Mutter während der Schwangerschaft oft gegessen hat; oder Musik, die bereits in der Schwangerschaft mitgehört wurde). So wird das Gehirn bereits pränatal zu einem Abbild der Verhältnisse, unter deren Einfluss es sich ausgebildet hat. In der Zeit nach der Geburt wird diese Ausbildung und Spezialisierung des Gehirns immer intensiver, bis zum Beginn der Pubertät etwa doppelt so viele neuronale Verbindungen bestehen wie im Erwachsenenalter. Je komplexer die Umwelt, um so größer ist die Zahl der Synapsen. Was jetzt nicht mehr genutzt wird verfällt.

Die im Laufe des Lebens erworbenen und verankerten Verschaltungsmuster sind eine Ordnung stiftende Matrix, die uns bei der Bewältigung innerer und äußerer Probleme hilft. In den jeweiligen Kulturkreisen werden so unterschiedliche Fähigkeiten und Fertigkeiten erlernt und neuronal abgebildet, um sich in den entsprechenden Gemeinschaften zurechtzufinden (so unterscheiden Urwaldkinder ca. 100 verschiedene Grüntöne, Inuit viele Arten von Schnee). Die Wahrnehmung wird durch die abgespeicherten kollektiven Erfahrungen, Vorstellungen und Überzeugungen („Ahnenschatz") zu inneren „Erwartungsbildern". Sie bestimmen, wie die Umwelt eingeschätzt und interpretiert wird. Und auf molekularer Ebene führen diese Erfahrungen sogar, wie wir heute nachweisen können, zu neuen Gensequenzen, die dann vererbt werden.

So können frühe negative Erfahrungen von Kindern aus Gewaltfamilien, die in Heime kamen und später adoptiert wurden, zwar nicht „gelöscht", aber durch eine förderliche und liebevolle Familienatmosphäre „überschrieben" werden. Dies führt häufig sogar zu einem signifikant besseren Abschneiden in Intelligenztests, zum Aufholen des durch emotionale Defizite zurückgebliebenen Körperwachstums und zu einer deutlich besseren sozialen Kompetenz. Voraussetzung ist allerdings, dass die neuen Anregungen und Erfahrungen lange genug ihre positive Wirkung zeigen können.

Mit Beginn der Pubertät verringert sich die Anzahl der Vernetzungen deutlich, und erreicht mit etwa 15 Jahren seine endgültige Größe. Das Überangebot, das bis dahin geschaffen wurde, wird nun durch zunehmende Spezialisierung ausgedünnt. Es wird nur das weiterentwickelt, was auch benutzt wird. Die Hirnreifung ist allerdings erst mit etwa 21 Jahren bei den Mädchen und mit 23 Jahren bei den Jungen abgeschlossen. Es gibt also über etwa 10 Jahre hinweg eine große Baustelle, was zu den entsprechenden Problemen mit den Adoleszenten führt. Als letztes reift nämlich ein Hirnareal, der Frontallappen, der unter anderem für Einfühlung in andere, vorausschauende Handlungsplanung und Problemlösung wichtig ist, also für die emotionale und soziale Kompetenz. Der Einfluss zwischenmenschlicher Beziehungserfahrungen ist dabei nicht nur für das gesellschaftliche Miteinander entscheidend, sondern auch für den lebenslangen eigenen Umgang mit Stress, die Immunabwehr, körperliche Erkrankungen und das Burnout-Syndrom.

Weil Jugendliche in dieser Phase des Umbaus und der zunehmenden Spezialisierung des Gehirns eher instinktiv als „reif" reagieren, ist es Aufgabe der Eltern, immer wieder das zu repräsentieren, was während der Adoleszenz dann hoffentlich bleibend verankert wird: Leitbilder, Ziele, Orientierungen, Vorausplanen, Impulskontrolle, Empathie sowie eine sichere emotionale und soziale Kompetenz. Die Eltern müssen die Funktion der noch nicht ausgereiften Frontallappen jahrelang übernehmen.

Spiegelneurone

Anfang der 1990er Jahre machte die Forschungsgruppe um Giacomo Rizzolatti in Parma eine sensationelle Entdeckung. In einer Versuchsanordnung mit Affen waren Nervenzellen mit feinsten Messelektroden versehen worden. Diese „feuerten", wenn ein Affe mit seiner Hand nach einer Nuss griff. Dann bemerkte man plötzlich, dass bei einem zuschauenden Affen die gleichen Neuronen aktiviert wurden. Dies führte zur Entdeckung des Areals der sogenannten Spiegelneuronen, auch „handlungssteuernde Nervenzellen" genannt. Sie speichern Handlungs- und Beziehungser-fahrungen, die wir an anderen Menschen beobachten, so ab, dass wir das Gesehene selbst fühlen und auch nachahmen können. Wir lernen am Modell und sind dadurch in der Lage, die gewonnenen Erfahrungen zu imitieren. Abgespeichert werden dabei auch Informationen über den wahrscheinlichen Ausgang einer von anderen begonnenen Handlung. Dieses „Resonanzphänomen" (Bauer, 2006) ist die Grundlage des emotionalen Mitfühlens und damit auch der Intuition; eine wichtige Voraussetzung für gelingende Beziehungen.

Wir lernen also am Modell und sind dann in der Lage, die gewonnenen Erfahrungen zu imitieren. Dies funktioniert jedoch nur in der direkt miterlebten Beziehung mit Lebewesen und kann nicht simuliert werden. Die Spiegelneurone sprechen nämlich hauptsächlich auf die Interaktionen lebender Personen an, also auch auf

Situationen, die in den Medien wie Film und Fernsehen zu sehen sind. Eine neurobiologische Resonanz erzeugen aber auch moderne PC-Spiele, deren virtuelle Welten von unseren Realitäten kaum noch zu unterscheiden sind. Das häufige Anschauen gewalttätiger Szenen erhöht, so zeigen die aktuellen wissenschaftlichen Untersuchungen, die Wahrscheinlichkeit, dass die Beobachter diese Handlungen selbst ausführen.

Erklärungen und Schilderungen führen nicht zu diesen „Eindrücken". Wir müssen erst einmal gezeigt bekommen, was möglich ist, denn was wir nicht gesehen/ "wahr"genommen haben, kann von uns auch nicht erkannt werden. Dabei nehmen wir nie alles wahr, sondern nur das, was zu den bisher abgespeicherten Vorstellungen und Erwartungen passt (so konnten die mittelamerikanischen Bewohner die Schiffe der spanischen Eroberer nicht „erkennen"). Erst wenn wir von etwas ein Bild haben, d.h. wenn wir mehrmals das Gleiche oder etwas ähnliches beobachtet oder erlebt haben, können wir es in unser Erfahrungs- und damit Möglichkeitsrepertoire aufnehmen. Ein einzelner schwacher Eindruck hinterlässt keine signifikanten Spuren.

So wird in der persönlichen Begegnung mit einem sympathischen Gegenüber die gleiche Körperhaltung angenommen, beim Anblick von Fotos die gleichen Gesichtsmuskeln aktiviert. Über das körperliche Nachempfinden kann man sich in die Emotionen des anderen einfühlen. Die Liebenden denken mit den gleichen Hirnarealen an den geliebten Partner wie an sich selbst. Und die zärtlichen Worte der Liebenden finden ihren inneren Niederschlag im Gehirn des anderen, denn Spiegelneurone werden nicht nur in der direkten Beobachtung sondern auch über das Hören aktivier, wenn zuvor emotional eingefärbte Bilder damit verknüpft wurden. Worte haben einen besonderen Zugang zu diesen Nervenzellen und der Fähigkeit zum Mitfühlen. Somit ergibt sich, dass Gedanken, Worte und Taten aus neurobiologischer Sicht in etwa gleichgesetzt werden können.

Für ein gutes inneres Selbsterleben, und auch das Lernen, brauchen wir somit direkte, positive persönliche Kontakte. Eine Kommunikation auf Distanz kann keine guten zwischenmenschlichen Beziehungserfahrungen im Gehirn abbilden. Diese führen nur zu einer inneren Verarmung und damit einem unzureichenden Schutz gegen seelischen und körperlichen Stress (Bauer; 2004, 2006).

Neues lernen

Alle wissenschaftlichen Erkenntnisse für die persönliche Weiterentwicklung und das Glücklichsein sprechen für die Notwendigkeit guter Beziehungsgestaltungen und ein konsequentes und ausdauerndes Training unseres Denkapparates. Denn das Unbewusste lernt sehr langsam. Wenn wir etwas Neues erlernen wollen, so ist es wie mit dem Erwerb einer neuen Fremdsprache: es ist anfangs mühsam, geht dann immer schneller und erfordert möglichst tägliche Übung, bis die entsprechenden Bahnungen und Verknüpfungen geschaffen sind. Der Alltag ist die Übung!

Um sich selbst zu ändern, muss man die Welt ändern, die man zuvor selbst entworfen hat (Maturana u. Varela, 1987). Denn die wurde zuvor durch Übereinstimmung mit der eigenen Persönlichkeit erschaffen. Die Emotionen, Gedanken und Absichten waren die treibende Kraft. Äußere Änderungen enthalten das Potenzial innerer Veränderungen.

23

Es ist ein beständiges Wechselspiel: das Sein bestimmt das Bewusstsein und das Bewusstsein bestimmt das Sein.

Neu Gelerntes ist noch labil, leicht störbar bzw. löschbar. Erst im Schlaf werden die Einzelheiten wieder aufgerufen, nachverarbeitet, gefestigt und in den Langzeitspeicher der Großhirnrinde transferiert. Es kann je nach der Menge des Gelernten über Wochen und Monate gehen, bis es in der Großhirnrinde (Cortex) fest verankert ist. Der „Zwischenspeicher" des Hippocampus lernt zwar schnell, hat aber nur eine kleine Kapazität (Kurzzeitgedächtnis). Die Großhirnrinde lernt sehr langsam, hat aber eine unerschöpfliche Kapazität. Wird nun am Nachmittag oder Abend zu viel Neues, Aufregendes geboten, gibt es zu wenig Schlaf, so kann einiges des am Vormittag Gelernten wieder gelöscht/überschrieben werden, bevor es ins Langzeitgedächtnis transferiert werden konnte.

Dabei ist auch ein kontinuierlicher „Input" in das Gehirn gemessen am konstanten internen Datenfluss der höheren Hirnregionen minimal. Der Effekt neuer Erfahrungen ist nur wie ein Tropfen auf einen heißen Stein. Auf eine auf- bzw. ableitende Faser kommen ca. 5 Millionen Fasern in der Großhirnrinde. Veränderungen der seit langer Zeit angelegten Bahnungen dauern deshalb Jahre. Für jeden Veränderungsprozess ist dabei nicht nur die Regelmäßigkeit hilfreich, sondern auch die Entwicklung von Ritualen. Der Erfolg wird sich schneller und stärker einstellen, wenn wir möglichst immer zur gleichen Zeit, am gleichen Ort und in der gleichen, ruhigen Atmosphäre üben. Es gilt einen äußeren Rhythmus zu schaffen, der wiederum einen inneren Rhythmus fördert.

Wie Hirnforscher zeigen konnten, gelten Prinzipien der Rhythmizität, wie sie aus der Musik bekannt sind, offenbar auch für die Organisation von Hirnaktivitäten. Darum kommen beim Laufen manchmal die besten Gedanken, weil sich der Rhythmus der Laufbewegungen mit dem Rhythmus der Hirnaktivität synchronisiert. Nach zwei bis drei Kilometern wird nicht mehr bewusst Schritt vor Schritt gesetzt sondern „Es" läuft.

Flow

Im Flow fühlen wir uns eins mit unserer Tätigkeit, verlieren manchmal sogar das Gefühl für Ort und Zeit, vergessen sogar uns selbst. Das ist das Kennzeichen für den „Flow", den der ungarisch-amerikanische Glücksforscher Mihaly Csikszentmihaly 1974 beschrieb. Wir sind konzentriert und begeistert bei der Sache. Allerdings stellt sich dieses Gefühl nur dann ein, wenn wir uns auch einer wirklichen Herausforderung stellen, die zwar zu schaffen ist, aber einer gewissen Anstrengung bedarf. Wichtig ist die Balance zwischen Fähigkeiten und Anforderungen, klare Ziele und ein unmittelbares Feedback. In der Selbstvergessenheit sind Vergangenheit und Zukunft aus den Gedanken verbannt, das Tun fließt von einem Augenblick zum nächsten. Der Flow ist übrigens nicht mit der Wahrnehmung von Glücksgefühlen verbunden, denn dies würde nur unsere Konzentration von dem ablenken, was wir gerade tun.

Eine Unterforderung führt dagegen nicht zu Glücksgefühlen, denn es kommt nicht zu einer Ausschüttung von Dopamin und körpereigenen Opiaten. Also muss man sein Denkorgan schon etwas anstrengen. Es ist wie bei der Krankengymnastik: wenn sie sich nicht deutlich vom alltäglichen Bewegungsablauf unterscheidet, kann man sie gleich sein lassen. Nützlich ist sie nur, wenn sie mit einer bestimmten Anforderungsmenge verbunden ist. Wer über längere Zeit ans Bett gefesselt war, muss trainieren - möglichst bis an die Schmerzgrenze. Beim Mentaltraining muss das Training genau so ernst genommen werden. Wer neue Erfahrungen sucht, muss neue synaptische Bahnungen aktiv herbeiführen. Wunder geschehen hier nicht, denn die im Gehirn als „Landkarten" abgelegten regelmäßigen Erfahrungen und Denkmuster enthalten in sich selbst die Regel für deren „Verfestigung" (Spitzer, 2006). Nur die kontinuierliche und aufmerksame Erfahrung schafft die erwünschten Veränderungen im Gehirn.

Achte auf deine Gedanken, denn sie
werden Worte.
Achte auf deine Worte, denn sie werden
Handlungen.
Achte auf deine Handlungen, denn sie
werden Gewohnheiten.
Achte auf deine Gewohnheiten, denn sie
werden dein Charakter.
Achte auf deinen Charakter, denn er wird
dein Schicksal.
Talmud

Innere Bilder

Unser Weltmodell ist klein. Wir sehen was wir erwarten! Mit
unseren Überzeugungen, Denkmustern und Gewohnheiten
erschaffen wir unsere eigene Welt - auf die wir dann
manchmal mit Verwunderung schauen.

Weil wir die Gegenwart durch die Brille der Vergangenheit
betrachten, ist unser Möglichkeitsraum sehr eingeschränkt.
Denn unser Unbewusstes sorgt dafür, dass wir nur die
Erfahrungen machen, die eine Variation der bisher
gemachten Erfahrungen sind. „Zentrale Beziehungs-
Konflikt-Themen" und „scheiternsfixierte zyklische Muster"
sind die entsprechenden Stichworte in der Psychotherapie-
forschung.

Von 40 Millionen Bits, die wir in jeder Sekunde
wahrnehmen, werden nur etwa 2000 Bits verarbeitet. Wir
denken täglich etwa 60.000 Gedanken. Aber leider sind ca.
95% davon die gleichen wie am Vortag! Die ewig gleiche
Leier!

Wie wir uns sehen

Darum ist es so wichtig, dass wir uns die Zeit nehmen, den inneren Bildern zu folgen. Denn was ich denke, wird zur inneren Wahrheit. Und dies wird zur äußeren Wahrheit, und damit zur Wirklichkeit. Die inneren Bilder haben eine unglaubliche Macht über die Befindlichkeit und Lebensorganisation von Individuen und Gemeinschaften (Hüther, 2004).

Was auch immer Sie glauben, es wird zu Ihren inneren Überzeugungen. Und mit diesen Einstellungen werden Sie recht behalten. Denn man kann nur ernten, was man gesät hat. Haben Sie positive Erwartungen gesät, so werden Sie gute Erfahrungen machen. Erwarten Sie Probleme, so werden sich diese einstellen. Haben Sie schlecht geschlafen und erwachen mit dem Gefühl, dass der Tag schon gelaufen ist, dann werden Sie wahrscheinlich den ganzen Tag über Ihre Müdigkeit spüren und die dazu passenden Erfahrungen erzeugen. Das, was Sie befürchten, zieht das an, was Sie befürchten. Verlieben Sie sich aber am Nachmittag, so ist die Müdigkeit wie weggeblasen. Und sollten Sie auch in den nachfolgenden Nächten kaum Schlaf finden, so fühlen Sie sich trotzdem kraftvoll und unternehmungslustig.

Es gibt keine Ursache ohne Wirkung und keine Wirkung ohne Ursache. Aber eins ist sicher: die Ursache für Ihre aktuelle Befindlichkeit sind häufig die Gedanken. Hier hilft das Mentaltraining, den gewünschten Ergebnissen einen neuen Weg zu bahnen.

Es geht wohlgemerkt nicht um „positives Denken", denn Gefühle wie Schmerz, Trauer und Wut sind wichtige Bestandteile unseres Erlebens. Eine konstruktive und optimistische Grundeinstellung sich selbst und dem Leben gegenüber ist sehr sinnvoll, bei aller Vorsicht und

Abgrenzung dem zunehmenden Machbarkeitswahn gegenüber. Das positive Denken darf nicht der Verschleierung des negativen Denkens dienen, das evolutionsbiologisch einen wichtigen Zweck erfüllte. Wer von unseren Vorfahren nicht mit dem Schlimmsten rechnete, dem Säbelzahntiger oder herabstürzenden Felsbrocken, hat nicht überlebt. Wir sind die Nachfahren von denjenigen, die innerlich darauf eingerichtet waren, dass die Dinge auch eine schlechte Wendung nehmen können.

Experimente und Erkenntnisse

Welchen positiven Einfluss jedoch das eigene Selbstkonzept und die inneren Glaubenssysteme auf Menschen haben können, zeigen folgende Beispiele:

Die amerikanische Forscherin Ellen Langer (1991), machte ein interessantes Experiment in einem Seniorenwohnheim. Sie forderte die Bewohner auf, sich wie Zwanzigjährige zu benehmen. Nach drei Tagen hatte sich bei allen Personen das Hörvermögen, die Sehfähigkeit, die manuelle Geschicklichkeit und die Beweglichkeit verbessert.

Die Säuglingsforschung erbrachte neben der Erkenntnis, dass Neugeborene schon mit einer breiten Ausstattung an Fähigkeiten auf die Welt kommen, ein weiteres erstaunliches Ergebnis: kurz nach der Geburt wurden Mütter gebeten, die Entwicklungsmöglichkeiten ihrer Kinder einzuschätzen. Bei Nachuntersuchungen im Alter von 4, 10, 15 und 18 Jahren zeigte sich, dass viele so geworden waren, wie die Mütter es sich vorgestellt hatten - eine selbsterfüllende Prophezeiung. Die Gedanken der Mütter hatten den Lebenszugang vieler Kinder entscheidend geformt (Dornes, 1993).

Selbst wenn für die angestrebten Ziele keine Fertigkeiten vorhanden sind, können Erfolge gebahnt werden. Dazu zwei Beispiele des modernen Tanztheaters:

Die weltberühmte Choreographin Pina Bausch aus Wuppertal engagierte für das Stück „Kontakthof" (2000) Damen und Herren über 65 Jahre, die nie etwas mit Tanz zu tun gehabt hatten, aber bereit waren, sich auf ein Experiment einzulassen. Das Stück wurde ein grandioser Erfolg für die Tanztruppe, ein großartiges persönliches Erleben für die Laien und ein Beweis für die eigene Leistungsfähigkeit bei entsprechender Anforderung.

Im Tanztheaterprojekt von Sir Simon Rattle mit den Berliner Philharmonikern und dem Choreograph Royston Maldoom wurde Strawinskys „Le sacre du printemps" mit 239 Kindern zwischen 11 und 17 Jahren aus sozialen Brennpunkten Berlins erarbeitet. Ein beispielloser Erfolg, zu sehen in dem hoch motivierenden Film „Rhythm is it" (2004). Mittlerweile ist auf Grund dieser Erfahrungen Tanz in vielen Berliner Schulen ein Unterrichtsfach.

Die Fantasien über den persönlichen Erfolg, gepaart mit der konsequenten Arbeit am Erreichen des Ziels, können Sie selbst und die Welt um Sie herum umfassend verändern. Also gilt es, eine kognitive Umstrukturierung zu erreichen, zentrifugale mentale Kräfte zu entwickeln, die Sie aus der gewohnten Umlaufbahn entlassen und einen neuen Blickwinkel ermöglichen.

Schauen Sie sich Ihre Lebensträume doch mal an!

I have a dream

Martin Luther King begann seine berühmte Rede am 28.8.1963 beim Marsch auf Washington mit den Worten „I have a dream." Den Gedanken von H.D.Thoreau und Mahatma Gandhi folgend, führte er in gewaltlosem Widerstand die Bürgerrechtsbewegung gegen Rassendiskriminierung in den USA an. Er hatte einen Traum von Gleichheit, den er mit größter Intensität bis zu seiner Ermordung im Jahr 1968 verfolgte. Er war beseelt von seiner Idee, mit Leib und Seele dabei. Er wurde zu seiner Idee und veränderte damit die inneren Bilder seiner Mitmenschen.

Sicherlich haben Sie noch etliche andere Personen der Weltgeschichte vor Augen. Von Alexander von Humboldt bis zum Grafen Zeppelin waren viele bekannte Menschen bereit zum Aufbruch in die Weiten der Welt. Sie folgten einer inneren Idee, die ihnen kompassartig eine bleibende Richtung gab. Erfüllt von ihren Visionen und Utopien trugen sie zum Verständnis unserer inneren und äußeren Welten bei.

Schauen wir uns Heinrich Schliemann (1822-1890) an. Schwierige familiäre Konstellationen ermöglichten nur einen kurzen Besuch der ersten Klassen einer Landschule. Er arbeitete jahrelang als Ladengehilfe und später als Bürobote. Dann machte er sich selbständig, eröffnete ein Geschäft in

St. Petersburg und wurde innerhalb einiger Jahre einer der reichsten Männer Europas. In seinen frühen Briefen finden wir den deutlichen Kontrast zwischen der realen, entbehrungsreichen Welt und der gewünschten Welt. Doch Heinrich Schliemann ließ sich durch Rückschläge nicht deprimieren. Zeitlebens war er energisch, zupackend, kühn und wissensdurstig.

Nicht schon seit der Kindheit, sondern erst deutlich später, hatte er die Vision der Entdeckung Troias im Kopf und verfolgte sein Ziel unbeirrbar. Dies war ihm nicht zuletzt deswegen möglich, weil er ein riesiges Vermögen erwirtschaftet hatte. Es gab zwei große Leidenschaften in seinem Leben: Schliemann beherrschte 15 Sprachen fließend und er ließ drei Jahre lang nach den Ruinen der verschütteten Stadt Troia graben. Mit den archäologischen Funden bestätigte er die Übereinstimmung zwischen einem Mythos und einer historischen Wirklichkeit.

Und genau deswegen ist Schliemann für uns so interessant. Was nämlich neben der eindeutigen Zielorientiertheit bei ihm besonders auffällt, ist die Selbsterfindung. Wie Jens Flügge (2001) in seinem Buch über Heinrich Schliemann deutlich herausarbeitet, war er ein Mythomane. Er beschrieb häufig nicht das, was er erlebt hatte, sondern was er hätte erleben wollen. Er verwandelte sein eigenes Leben in einen Mythos. Er erfand sich, er erfand sein Leben.

Und noch eine andere Lebensgeschichte erscheint lehrreich. Das Leben und Werk von Milton H. Erickson (1902-1980). Er war der sicherlich kreativste und originellste Therapeut. Er veranlasste seine Patienten zu inneren mentalen Suchprozessen. Dabei vertraute er darauf, dass Potenziale und Kompetenz als Erfahrungsschatz in jedem gespeichert sind. Nach Erickson ist das Ziel einer Therapie, genau diese

Potenziale nutzbar zu machen und durch Handlung (!) das eigene Selbstbild zu stärken.

Sicherlich war sein eigener Lebensweg für diese Sichtweise ausschlaggebend. Aus einfachen Verhältnissen kommend, erkrankte er mit 17 Jahren an Kinderlähmung. Die Ärzte gaben ihm keine Überlebenschance. Er hörte, wie sie seiner Mutter mitteilten, dass er wohl die kommende Nacht nicht überleben werde. Mit aller Kraft fokussierte er sich selbst auf die innere Selbstmotivation, konzentrierte seine Aufmerksamkeit auf das erwünschte Ziel. Er überlebte und unternahm bereits ein Jahr später eine 1000 Meilen lange Kanufahrt auf dem Mississippi und wieder zurück, obwohl er noch teilweise gelähmt und anfangs noch nicht einmal in der Lage war, das Kanu alleine zu Wasser zu tragen.

Neue Lebensentwürfe entstehen

Was uns die Lebensläufe von Martin Luther King, Heinrich Schliemann und Milton H. Erickson zeigen, ist deutlich:

- Eine Vision motiviert und setzt Kräfte frei. Gedanken schaffen reale Kräfte!
- Wir können uns selbst „erfinden", denn wir erschaffen unsere Wirklichkeit; aus der Wahrscheinlichkeitswolke (Arntz, 2006), wie es die Quantenphysik nennt, wählen wir die mit uns übereinstimmende Realität

Lesen Sie! Denn es gilt „in den virtuellen Räumen der Kunst und Literatur die Möglichkeiten menschlicher Existenz auszuloten" (Siefer u. Weber, 2006). In der Weltliteratur und in den großen Filmen werden häufig Menschen skizziert, die ein Ziel haben. Ein Ziel, das manchmal kaum erreichbar erscheint; weil alles in der Person und der Umgebung dagegen spricht. Und trotzdem machen sich diese Menschen auf, denn sie haben eine Vision - „I have a dream!"

In dem Film „Die bezaubernde Welt der Amélie" (2001) werden Träume von Gartenzwergen in die Wirklichkeit umgesetzt – eine eher unwahrscheinliche Erfolggeschichte. In anderen Filmen finden wir Lebensbeschreibungen von Menschen mit Visionen, die sich aufmachen und manchmal sogar andere mit in ihren Bann ziehen können, wie in den preisgekrönten Filmen „Whale rider", „Billy Elliot", „Straight story", „Million Dollar Baby".

Der Fernsehjournalist Franz X. Gernstl besuchte über 20 Jahre lang Menschen auf der Suche nach dem, was glücklich macht. In seinem Film „Gernstls Reisen auf der Suche nach dem Glück" (2005) zieht er ein Résumée: Glücklich macht die Liebe zum eigenen Projekt, zur eigenen Schöpfung; egal ob Kunstwerk oder Käse, Lebensweise oder Forschungs-ergebnis. Es ist die Leidenschaft, die Passion, die Kräfte für den neuen Weg mobilisiert. Und damit wird der Prozess zur Passion.

Die lebenslange Entwicklung beinhaltet Gewinne und Verluste. Ein aktives Lebensmanagement, wie es in den Arbeiten von Barnes und anderen (zit. nach Siefer und Weber, 2006) im SOK-Modell beschrieben wird, fordert Selektion, Optimierung und Kompensation. Der eigene Tätigkeitsschwerpunkt muss ausgewählt werden, Fertigkeiten müssen optimiert und mögliche Begrenztheiten kompensiert werden.

Zentraler Angelpunkt ist stets die Leidenschaft. Arbeit ist das, was man daraus macht! Wenn ich nur an dem arbeite, an dem ich gerade arbeite, dann bin ich zufrieden. Doch das gelingt nur, wenn ich mit ganzem Herzen und ganzer Aufmerksamkeit bei der Sache bin, mit Leib und Seele.

Doch bevor Sie sich auf die Suche nach Ihrem persönlichen Ziel machen, sollten Sie erst einmal zur Ruhe kommen.

Die Kunst des Brachliegens

Vielleicht haben Sie bereits ein konkretes Ziel. Vielleicht ist
Ihr Leben zu klein geworden für Ihre Träume. Und Sie
spüren nur eine diffuse Unzufriedenheit mit sich und der
Welt. Nehmen Sie sich die Zeit für's Brachliegen! Bevor Sie
eine Reise unternehmen, fragen Sie sich auch, wohin es
gehen soll. Für Ihre persönliche Weiterentwicklung sollte es
ähnlich sein - erst einmal in sich hineinhorchen.

Bevor Neues gut wachsen kann, bevor sich neue
Perspektiven auftun, muss der Boden ruhen. Sie brauchen
diese Zeit, damit es in Ihnen arbeiten kann. Beim
Brachliegen geht es um die Regeneration der Fruchtbarkeit.
Lassen Sie „Es" in sich arbeiten. Albert Einstein empfahl
seinen Studenten die von ihm so genannte
„Inkubationsphase", den entspannten, ruhigen Zustand des
Gehirns, um für kreative Eingebungen offen zu sein.

Das ist kein Faulenzen, kein Nichtstun. Es ist ein
Zurverfügungstellen von Ruhe und die Möglichkeit, dass
sich im Kleinen etwas tut. Wie der Landwirt seinen Boden
ruhen lässt, damit die Mikroorganismen und das Kleingetier
für eine Auflockerung und damit mehr Fruchtbarkeit sorgen
können, so lassen wir unserem Gehirn den
Möglichkeitsraum, dass es im Kleinteiligen wuselt und

arbeitet, bis der Boden bereitet ist, um einen Samen, einen Impuls für etwas Neues und Gutes wachsen zu lassen.

Die Römer nannten diesen Zustand Kontemplation: in Ruhe und mit sanfter, ungerichteter Aufmerksamkeit den eigenen Gedanken folgen. Über die beschauliche Betrachtung der Innenräume wird eine Bewusstseinserweiterung angestrebt. Damit vergrößert sich der Möglichkeitsraum. Denn aus der Ruhe kommt die Kraft, da sich im Alpha-Zustand (siehe Kapitel 7) das Bewusstsein erweitert, Hemmungen wegfallen und gedankliche Grenzen überwunden werden können. Jetzt kann Undenkbares gedacht und durchgespielt werden, Lösungen fallen „vom Himmel". Ein Grund dafür, warum manche weltbewegenden Erfindungen und Erkenntnisse im Zustand der Ruhe oder sogar beim Träumen erfolgten. So entdeckte Kekulé 1864 die Ringstruktur des Benzols im Halbschlaf beim Betrachten des Kaminfeuers und begründete damit die organische Chemie.

Die beste Möglichkeit für die notwendige Ruhe ist die Entspannung. Werden Sie ruhig, lassen Sie es, wie bei einem Acker, unter der Oberfläche wuseln und gären. Dann lockert sich der Boden und neue Gedanken können wachsen.

Der Lehrer erscheint, sobald
der Schüler bereit ist.
Zenbuddhistische Weisheit

Entspannung

Ihren Träumen und Phantasien können Sie sich am besten im Zustand der völligen Entspannung hingeben, dem sogenannten Alpha-Zustand. Unser Gehirn hat verschiedene Schwingungsfrequenzen. Gewöhnlich befinden wir uns bei der Arbeit im bewussten, organisierenden Modus, dem Beta-Zustand mit 13-30 Hertz. Wir sind wach und analytisch, ordnen und unterscheiden.

Erstrebenswert für eine Veränderung in Ruhe ist aber der Alpha-Zustand mit einer Frequenz von 8-12 Hertz. In diesem Zustand sind wir weicher und ausbalancierter, können besser die unbewussten, Seiten leben. Der Alpha-Zustand ist gelebte Entspannung in Wachheit. Der Geist ist weit und nicht auf ein konkretes Ziel ausgerichtet.

Von den vielen Wegen zu tiefer Entspannung möchte ich das Autogene Training und die Meditation in den Vordergrund stellen. Beide Verfahren können überall einfach ausgeführt werden. Und sie haben das gleiche Lernziel: die mühelose Gelassenheit.

Die Haltung im Autogenen Training

Das Autogene Training wurde von J.H.Schultz, der seit 1924 niedergelassener Nervenarzt in Berlin war, entwickelt. 1932 veröffentlichte er erstmals die Ergebnisse seiner zwölf-jährigen Forschung zur Selbsthypnose.

Das Schwere- und Wärmeerleben in den Gliedmaßen, aber auch eine Ruhigstellung von Herz und Atmung führt zu einer Umschaltung des gesamten Organismus, ähnlich dem körperlich-seelischen Entspannungszustand in der Hypnose.

Die sicherlich sinnvollste Körperhaltung für den Alltag ist die Droschkenkutscherhaltung. Denken Sie an die Fiaker vor dem Schloss Schönbrunn in Wien. Die sitzen auf dem Bock und warten auf Kundschaft. Sie sind entspannt und können in dieser Haltung lange bewegungslos verharren. Der Oberkörper „hängt" im Skelett. Der Kopf ist gesenkt und nach vorne gebeugt, es sieht aus wie ein Katzenbuckel. Die Hände ruhen entweder auf den Oberschenkeln oder baumeln frei zwischen den Beinen. Es ist egal wie das Wetter ist, in der Droschkenkutscherhaltung kann alles von Ihnen abperlen.

Das Autogene Training kann in jeder Position erfolgen. Sie können entspannt im Lehnsessel trainieren oder im Stehen, überall, ohne jedes weitere Hilfsmittel. Zwar gibt es Formeln für das Wärme- und Schwereerleben aller einzelnen Gliedmassen. Dies ist aber nur für den Anfang wichtig. Später erfolgt die generalisierte innere Vorstellung und damit das ganzkörperliche Erleben allein durch die Vorstellung von Schwere, Wärme und Ruhe.

Die Meditations-Haltung

Sie sitzen auf einem   Meditationskissen, so dass die Wirbelsäule unterstützt ist. Die Beine sind überkreuzt. Das Wichtigste in dieser Haltung ist, die Wirbelsäule gerade zu halten. Überprüfen Sie, ob Ohren und Schultern auf einer Linie liegen. Den Hinterkopf zur Decke strecken, das Kinn einziehen. Das Zwerchfell gegen den Unterbauch drücken.

Die Hände bilden ein Oval, das sogenannte kosmische Mudra. Die rechte Hand wird am Körper gehalten. Sie ist nach oben geöffnet, die linke Hand wird hineingelegt, so dass die Finger aufeinander liegen. Die Daumen berühren sich leicht. Die Arme sind locker und entspannt, ebenso die Augen- und besonders die Mundpartie, die dadurch ein leichtes Lächeln annimmt. So entsteht eine kraftvolle äußere Haltung, die zu einer kraftvollen inneren Haltung führ, einer Haltung innerer Würde.

Die Konzentration liegt auf der Bewegung des Atems durch die Nase bis in den Unterbauch und umgekehrt. Der Geist folgt dem Atem. „Was wir ‚Ich' nennen, ist nur eine Schwingtür, die sich bewegt, wenn wir einatmen oder ausatmen" (Suzuki, 2000). Es verliert sich jede Vorstellung von Zeit oder Raum. Es existiert nur der Augenblick. Alles konzentriert sich auf's Sitzen und den Atem. „Ich atme ein und entspanne meinen Körper. Ich atme aus und lächle" (Thich Nhat Hanh, 1996).

Nach einigen Minuten sind Sie ruhig und gelassen. Der Geist kommt zur Ruhe, Gedanken ziehen wie Wolken vorbei. Wenn Sie ihre Aufmerksamkeit von den Gedanken auf das körperliche Geschehen verschieben, wird hierdurch die unbekümmerte Haltung gefördert. Gedanken und Gefühle sind nur vorübergehende mentale Ereignisse.

Auch wenn dies eine Haltung ist, wie sie in der zenbuddhistischen Meditation eingenommen wird, gibt es einen wesentlichen Unterschied: Sie üben in dieser Haltung nicht mit Absichtslosigkeit, sondern Sie wollen sich tief entspannen, um Ihrer inneren Stimme inmitten des Affengeschnatters, wie es die Inder nennen, die notwendige Aufmerksamkeit geben zu können. Nicht die Vergangenheit oder die Zukunft sind wichtig, sondern das Jetzt.

Natürlich gibt es weitere Möglichkeiten einer tiefen Entspannung, z.B. das gebetsmühlenartige Rezitieren eines Mandalas, das Hören von Gesängen tibetischer Mönche, das beständige Wiederholen der Zahlenreihe 1-10, die Vorstellung, langsam 10 Stufen einer Treppe hinabzusteigen usw. Suchen sie sich Ihren ganz persönlichen Zugang.

Hilfreich ist auch die Progressive Muskelrelaxation. Sie wurde in den 30er Jahren von dem amerikanischen Physiologen Edmund Jacobson entwickelt. Sie basiert darauf, dass durch muskuläre Entspannung Stress abgebaut werden kann. Indem sämtliche Muskelgruppen vom Kopf bis zu den Zehen zunächst angespannt und dann wieder gelockert werden, entsteht eine Wahrnehmung für Anspannung und Entspannung.

Welches auch immer, den meisten Verfahren ist gemeinsam, dass über eine körperliche Entspannung eine innere Ruhigstellung erfolgt. Über bestimmte Ritualisierungen und Wiederholungen wird die Ruhe verstärkt. Und Gedanken werden nicht weiter verfolgt sondern können am inneren Horizont absichtslos vorbeiziehen, wie der Schatten eines Vogels, der über einen See fliegt.

Wie auch immer Sie üben sollten: denken Sie daran, dass es eine Haltung sein sollte, die Sie möglichst überall einnehmen können. Sie üben, damit sich dann, wenn es darauf ankommt, die erwünschte Ruhe und Konzentrationsfähigkeit wie von alleine einstellt. Das aktive Herbeiführen von Ruhe soll in kürzester Zeit an jedem beliebigen Ort und in jeder beliebigen Situation möglich sein. Darüber, dass Sie eine bestimmte Körperposition einnehmen, wird sich sogleich eine psycho-physische Umstellung auf die gewünschte Ruhe ergeben. Aber das Erreichen dieses Ziels erfordert konsequentes Üben.

Wo kämen wir hin, wenn jeder sagte: „wo
kämen wir hin!" und niemand ginge, um
zu sehen, wohin wir kämen, wenn wir
gingen.
Erich Fried

Ziele

Jetzt haben Sie gelernt, sich zu entspannen und können sich
in diesem wohligen Zustand Ihren Zielen zuwenden.
Welches Ziel wollen Sie erreichen? Was stellen Sie sich vor?
Erfühlen Sie die eigenen Wünsche und Sehnsüchte.

Wenn Sie noch kein konkretes Ziel benennen können, dann
könnte Ihnen die nachfolgenden Fragen helfen:
Was haben Sie sich im Alter von etwa 15 Jahren gewünscht?
Welche Vorstellung hatten Sie zu dieser Zeit von Ihrem ganz
persönlichen Platz im Leben?

Damals waren Sie noch Kind genug, um die Visionen nicht
sogleich an der Messlatte der Realitäten zu entzaubern. Aber
Sie waren schon erwachsen genug, um einen realen
Möglichkeitsraum in ihrem Leben zu erfassen, hatten eine
Idee von Ihren Interessen und Begabungen. Vielleicht haben
Sie damals Tagebuch geschrieben. Dann lesen Sie jetzt darin.
Lassen Sie sich von Ihren damaligen Plänen beflügeln.

Schreiben Sie ihre Wünsche und Vorstellungen auf,
unsortiert und spontan. Fragen Sie nicht danach, ob sie sich
verwirklichen lassen, ob sie zu ihrem aktuellen Leben passen.
Schreiben ist Ausdruck der Beobachterposition. Es schafft
Distanz zum eigenen Erleben und Denken und bringt
Klarheit mit sich. Dies ist Teil des Erfolgsprinzips zum
Glücklichsein: beobachten Sie, werten Sie nicht!. Werden Sie

zum Wissenschaftler, der das eigene Denken, Fühlen und Handeln interessiert und vorurteilsfrei erforscht.

Wie fühlen sich diese Ziele an? Nehmen Sie sich Zeit hierfür, vielleicht sogar einige Wochen. Pflegen Sie die Kunst des Brachliegens. Erst später bringen sie diese Liste in eine Hierarchie: Was ist mir am wichtigsten? Was kommt danach?

Es geht noch nicht um die Realisierbarkeit, sondern um das Denkbare und das Undenkbare gleichermaßen. Spielen Sie mit Ihren Zielen, führen Sie Selbstgespräche, machen Sie Gedankenreisen. Schauen Sie, wie viel Vorfreude, wie viel Begeisterung zu den einzelnen Zielen auftaucht. Erst danach kommt die Abwägung: Was ist erfüllbar, was ist erfüllenswert?

Nun kommt die realistische Planung:
- Was müsste ich zum Erreichen des ausgewählten Ziels tun?
- Wozu kann ich mich selbst motivieren?
- Wer kann mich außerdem noch motivieren?
- Welchen Zeitraum möchte ich mir setzen?
- Welche Zwischenziele will ich mir setzen?

Wenn Sie sich nicht sicher sind, ob es ein wesentliches Ziel ist, dann hilft Ihnen die 72-Stunden-Regel. Es ist nur sinnvoll ein Ziel weiter zu verfolgen, für das Sie innerhalb der nächsten 72 Stunden bereit sind, etwas Konkretes zu tun.

Der einzig signifikante Unterschied zwischen einem Durchschnittsmenschen und einem Lebenskünstler, ist der, dass der Lebenskünstler neugierig in die Welt schaut und dann, wenn er eine Idee hat, aktiv wird. Also seien Sie ein Lebenskünstler, werden Sie initiativ! Werden Sie wesentlich! Wählen Sie eine Hauptrolle!

Ein Freund ist jemand, der einen
unterstützt, wenn man etwas Neues tut.
Royston Maldoon

Helfer und Ressourcen

Doch Sie müssen nicht alles alleine schaffen. Wenn der
angestrebte Ruhezustand erreicht ist, kann Unterstützung
herbeigerufen werden, die den gewünschten Weg begleitet.
Was Sie jetzt brauchen, sind Freunde und Helfer,
Weggefährten.

Die wichtigsten beiden Fragen sind also:

- Was kann mir beim Erreichen dieses Ziels helfen?
- Wer kann mir beim Erreichen dieses Ziels helfen?

Es gibt 2 Helfer, die sich anbieten:

- die eigenen inneren Helfer und
- hilfreiche andere Personen.

Ihr eigener innerer Helfer, der innere Coach, ist verbunden
mit der Erfahrung, dass Sie in Ihrem Leben schon viele
Hürden genommen haben. Schließlich sind Sie an dem
Punkt, an dem Sie sich heute befinden, angekommen, weil
Sie sich den auftretenden Schwierigkeiten gestellt haben. Sie
können es im Rückblick manchmal gar nicht glauben, dass
Sie den Mut und die Kraft hatten, diesen Hürden zu
überspringen. So ist es im Rückblick auf Ihr Leben häufig.
Sie sind erstaunt, wie gut Sie manches gemeistert haben, was

Ihnen damals unüberwindbar erschien. Die Wertschätzung bisheriger Erfolge ist wichtig!

Also fragen Sie sich:

- Vor welchen ähnlichen Hürden stand ich schon?
- Wie habe ich es damals gemeistert?
- Was war damals anders?
- Welche der damals positiven Umstände kann ich jetzt selber aktiv herbeiführen?
- Wer oder was hat mir damals geholfen?
- Wie haben das andere gemacht?
- Welche dieser Kräfte von damals kann ich heute nutzen?
- Welche Lösung soll ich ausprobieren?
- Wie überprüfe ich den Erfolg?
- Woran kann ich den Erfolg ablesen?

Wir haben im 3. Kapitel über die Spiegelneuronen gesprochen, dem Resonanzphänomen. Wesentlich ist die Imitation. Also beobachten Sie andere, von denen Sie sich „eine Scheibe abschneiden" wollen. Lassen Sie sich Anregungen geben, erforschen Sie die Wahrscheinlichkeitswolke.

Aktivieren Sie Ihren inneren Coach, vielleicht sogar ein ganzes inneres Team als Summe der Kompetenz aller jüngeren und zukünftigen Ichs (Reddemann, 2001). Dies wird Ihnen ein Gefühl dafür vermitteln, auf welche Ressourcen Sie zurückgreifen können, um Ihr Ziel zu erreichen.

Welche Fertigkeiten müssen Sie noch entwickeln, um das Ziel zu erreichen? Vielleicht brauchen Sie einen inneren

Schamanen als Symbol für Ihre Selbstheilungskräfte und inneren Ressourcen. Der amerikanische Arzt Carl Simonton (1989) und seine Mitarbeiterin Jeanne Achterberg (1989) haben schon vor 25 Jahren nach Untersuchungen schamanischer Rituale revolutionierende Ideen in die Behandlung von Krebspatienten eingebracht.

Für Menschen mit posttraumatischen Belastungsstörungen und anderen schweren psychischen Erkrankungen hat es sich bewährt, einen sicheren inneren Ort und innere Helfer zu visualisieren. Was für diese Menschen gut ist, können auch Sie für Ihre Ziele nutzen.

Ein sicherer, Kraft spendender innerer Ort kann ein Ort der Kindheit sein, z.B. ein Baumhaus, eine Höhle oder ein Versteck auf dem Dachboden. Es kann ein Ort der Ruhe sein, den wir einmal erlebt haben. Vielleicht ist es für Sie auch ein Ort der Kraft, ein bestimmter Berggipfel mit einem angenehm kühlen Wind, ein kleines Tal mit einem Bachlauf, eine Landzunge am Meer mit leisem Plätschern der Wellen, eine Lichtung im Wald mit Vogelgezwitscher, oder Ihr ganz persönlicher Fels. Je deutlicher Sie dies wahrnehmen, desto besser. Je mehr Sinne angesprochen werden, umso umfassender kann das innere Erleben sein.

Der wichtige innere Helfer kann das Bild eines Mensch sein, ein Baum, ein Totem, ein Stein oder ganz etwas anderes. Es ist ein Konzentrat, das die erforderlichen Qualitäten für die persönliche Weiterentwicklung symbolisiert. Vielleicht ist es eine liebevolle Bezugsperson, die Sie mit ihrem Lächeln, ihrer Körperwärme und dem beruhigenden Tonfall nacherleben, vielleicht ein Baum, der schon immer eine besondere Ausstrahlung auf Sie hatte. In Gelassenheit und Ganzheit, widerstand er den Stürmen, den sich verändernden Jahreszeiten, Trockenperioden und Überschwemmungen. Seine Zweige setzten dem Wind einen möglichst geringen Widerstand entgegen. Oder es ist das Wasser als Symbol für die unerreichbare Wandlungsfähigkeit und Anpassungs-fähigkeit. Kein Hindernis, und sei es noch so groß, hält das Wasser auf – es fließt.

Nutzen Sie außerdem das Potential der äußeren Helfer. Lassen Sie sich mit neuen Ideen versorgen, auf die sie selbst nie gekommen wären, weil sie täglich mehr oder weniger das gleiche denken. Fragen Sie Ihre Freunde und auch Ihre Kinder. Die sind die besten Experten, die Sie finden können. Fragen Sie sie:

- Wie erlebst du mich?
- Wo siehst du mich am deutlichsten?

Oder überlegen Sie sich, was Sie Ihrem Freund raten würden, der sich an Sie mit der Bitte um Hilfe für eine ähnliche Fragestellung wendet. Im Abstand, im Einnehmen der Beobachterposition, liegt die kreative Distanz und damit der Lösungsansatz. Ausgangspunkt sollte dabei eine Position der Kraft sein. Bei Untersuchungen zur so genannten „sozialen Resonanz" konnte gezeigt werden, dass sich Studenten, die zuvor mit der Visualisierung von Professoren beschäftigt waren deutlich besser in ihren Ergebnissen abschnitten als die Kontrollgruppe mit der Vorstellung von Hooligans; Frauen, denen man vor einer Prüfung Blondinenwitze erzählte, zeigten signifikant schlechtere Ergebnisse als die Kontrollgruppe. Wir sollten also schauen, mit wem wir uns innerlich und äußerlich umgeben.

Fantasie ist wichtiger als Wissen, denn
Wissen ist begrenzt.
Albert Einstein

Die Realität ist die Ausrede der
Fantasielosen.
Sponti-Spruch

Die Opus-Phantasie

Jetzt ist es so weit. Sie haben sich die Zeit genommen, Ihr
ganz persönliches Ziel anzusteuern. Sie haben Ihr nächstes
Ziel benannt, haben das Zielfoto vor Augen.

Es nutzt aber noch nichts, eine Vision zu haben. Sie müssen
von dieser Idee beseelt sein. Ein altertümliches Wort zwar,
aber ein Wort, das es genau trifft. Was eine Seele hat, lebt.
Es ist wie in einer Schwangerschaft („ich gehe mit einer Idee
schwanger") oder Verliebtheit. Ihr Denken und Ihre Träume
werden Ihrem Leben eine neue Richtung geben. Sie merken,
wie Ihre Gedanken sich immer mehr um Ihre Vision ranken.
Sie werden ein neues Hochgefühl erleben, denn Sie werden
in Ihren Phantasien immer mehr eins mit Ihrem Werk.

Weil Sie intensiv mit dem Training und der Visualisierung
der Zielvorstellung beschäftigt sind, haben Sie auch gar keine
Zeit für das Abwägen von Konsequenzen. Das würde die
Energie verbrauchen, die Sie für das Erreichen des Ziels
benötigen. Die Aufmerksamkeit ist im hier und Jetzt. Sie
sind konzentriert, aktiv und zuversichtlich. Sie reflektieren
auch nicht, ob Sie es jetzt gut oder weniger gut machen, ob
Sie ein Weiterkommen bemerken oder welchen Eindruck Sie
auf andere machen. Selbstvergessen und achtsam richten Sie
Ihre ganze Aufmerksamkeit auf das, was Sie gerade tun.

Wie in jedem kreativen Prozess wird das Ergebnis vor-phantasiert. Dies wird Opus-Phantasie genannt (von Matt, 1979). Die potentiellen zukünftigen Leser, Betrachter oder Zuschauer sind imaginär anwesend. Sie sehen deren Lächeln, vielleicht sogar Applaus, und sind stolz über Ihren Erfolg.

Die lustvolle Beschäftigung mit den eigenen Träumen und Zielen zieht den Erfolg an. Denn die Visualisierung, verbunden mit den entsprechenden inneren Formeln, lässt neue Bahnungen im Gehirn entstehen und damit neue kreative Möglichkeiten. Das Unbewusste funktioniert nach Glaubensregeln. Wenn wir uns Leistungsfähigkeit, Wohl-befinden und Selbstvertrauen ausmalen und darüber sprechen, dann werden daraus Taten. Das Unbewusste setzt Gedanken, Worte und Taten gleich.

Noch einmal: nehmen Sie sich Zeit! Auch wenn Sie ganz konkrete Wünsche haben, schmücken Sie diese Wünsche genau aus. Arbeiten Sie wie ein Regisseur und Bühnen-bildner. Die gesamte Szene soll stimmig sein. Alle Sinne sollen angesprochen sein. Im sogenannten Klartraum, auch luzider Traum genannt, ist man sich darüber im klaren, dass man träumt, kann aktiv und planvoll ins Traumgeschehen eingreifen. Nach dem Traum gibt es eine klare Erinnerung. Diese Technik wurde zum Beispiel dafür genutzt, bestimmte Bewegungsabläufe zum Erlernen von Sportarten im Traum zu trainieren und im Wachzustand gut zu beherrschen.

Der belgische Künstler René Magritte spricht von „selbstgewollten Träumen", in denen er seine Bilder entwarf. „Träume, die nicht einschläfern sondern aufwecken." Diese Technik wird mittlerweile auch als therapeutische Methode genutzt, um Menschen mit Alpträumen zu helfen. Sie können dann sogar in der Traumphase aktiv in das Traumgeschehen eingreifen und einen selbstgewählten Ausgang ermöglichen.

Handle stets so, dass die Zahl der
Möglichkeiten zunimmt.
Heinz von Foerster

Affirmationen und Visualisierungen

Jetzt kommen wir zu den „Spielregeln", dem Kernstück
dieses Buchs. Alles was Sie sich bisher erarbeitet haben,
mündet nun im Training. Fangen wir noch einmal bei Emile
Coué, dem „Erfinder" des mentalen Trainings an:

„Es geht mir jeden Tag in jeder Hinsicht besser und besser",
so lautet sein wichtigster Satz. Aus dieser Formulierung
können wir die wichtigsten Regeln für die Formulierung der
Zielprogrammierung ableiten:

- persönlich

Jede Formulierung, jede Zielvorstellung muss der ganz
persönlichen Situation, Sprechweise und Persönlichkeit des
Trainierenden entsprechen. Es gibt keine vorgefertigten
Bilder oder Sätze.

Dies ist schon alleine deshalb so, weil es unterschiedliche
Wahrnehmungsmodi gibt, die bevorzugt werden: eher
auditiv, visuell oder kinästhetisch, bzw. die unterschiedlichen
Gewichtungen in der Gesamtheit der Wahrnehmung
(Markova, 1993). Vielleicht sehen Sie Ihre Vision unterlegt
mit einem Untertitel, vielleicht hören Sie die passende Musik
dazu, Ihre ganz persönliche Hymne. Vielleicht kombinieren

49

Sie alles auch noch mit einem Geruch, Geschmack oder einem andere Körpererleben.

- kurz und knapp

Keine Leuchtreklame geht über mehrere Zeilen. Kaum ein erfolgreicher Werbeslogan hat mehr als nur ein paar Worte. So sollte es auch mit Ihren inneren Formeln sein. Sie müssen prägnant und einprägsam sein. Es sollten stets präsente innere Formeln sein, über die Sie nicht erst lange nachdenken müssen. So schlicht und einfach, dass sie auch ein Kind verstehen kann. Der bloße Vorsatz, weniger zu essen, hat wohl kaum jemandem geholfen. Weil das Schöne am Essen nicht durch etwas anderes, das noch mehr innere Befriedigung verschafft, ersetzt wurde.

- rhythmisch

Sollten Sie Ihre Bilder mit Formeln „unterlegen" weil Sie ein eher auditiver Typ sind, so versuchen Sie, diese Formeln rhythmisch zu gestalten, vielleicht sogar in Reimform. Es erleichtert das Rundlaufen der „Gebetsmühle".

- positiv

Wenn wir festgestellt haben, dass Negatives, dadurch dass es gedacht oder ausgesprochen wird, im Gehirn „gebahnt" wird, ergibt sich die wesentlichste Regel: positiv formulieren! Eine Formulierung, die Erfolg mit sich bringen soll, ist am Ziel orientiert. Vermeidungsziele können darum keinen Erfolg mit sich bringen, denn wer etwas bekämpft, gibt Energie in ein Problem.

- Gegenwart

Wenn die Formulierung im Futur steht, dann kann das Unbewusste dies nicht umsetzen.
Welcher Zeitpunkt ist gemeint, wenn es z.B. heißt: Ich werde das Rauchen aufgeben? Einen solchen Vorsatz kann unser Inneres getrost auf den Sankt-Nimmerleins-Tag verschieben. Der entscheidende Zeitpunkt ist jetzt! Also muss die Formel detailliert sein und im Präsens.

- aktiv

Veränderungen fallen nicht vom Himmel. Sie entstehen in uns. Wir bahnen im Gehirn die Wege zum Erreichen des Ziels. Also Aktiv statt Passiv verwenden. Sie stehen im Zentrum der Initiative!

- mit allen Sinnen

Visualisieren Sie mit allen Sinnen! Ihr Kopfkino soll ein Fühlkino sein. Die Vorstellung ist zum Greifen nah; Sie fühlen, sehen, hören, riechen, schmecken das Vorgestellte.

Ein Beispiel: „Ich schlafe". Da wird das Schlafen nicht auf die Zukunft verschoben. Ich schlafe jetzt! Die Formulierung ist knapp, präzise und eindeutig. Ich sehe mich selbst wohlig im Bett liegen, rieche den Duft der frischen Bettwäsche, höre vielleicht mit dem inneren Ohr eine schöne Melodie oder den Nachtregen. So wie der Regen fällt, kontinuierlich und absichtslos, so falle ich in einen erholsamen, ruhigen Schlaf.

Am Ende der Visualisierungen und inneren Formeln kann, verbunden mit einer tiefen inneren Überzeugung, immer folgendes stehen: gesund, heiter, erfolgreich, zuversichtlich. Oder Formulierungen, die Ihre Affirmationen noch verstärken: „Die Ruhe bleibt!", „Es geht vorbei!", „Ich schaffe es!", „Ich erreiche mein Ziel!", „Die Worte wirken weiter!", „Ich bin voller Energie.", „Der Weg ergibt sich.", „Das Lernen gelingt, das Gedächtnis behält.", „Ich erkenne die eigenen Fähigkeiten.", „Ich bin frei."

Manchmal wird ein Ziel nicht unbedingt in der Zukunft liegen. Es kann auch darum gehen, einen Schlusspunkt unter einen Aspekt der Vergangenheit zu setzen. Weil wir den überwiegenden Teil des Tages mit dem Verdauungsprozess, dem Wiederkäuen des Erlebten, beschäftigt sind, und nachts diesen Prozess in den Träumen fortführen, kann das Mentaltraining auch dazu genutzt werden, ein Ende zu setzen. Eine Formel, dem Buddhismus entlehnt, kann dabei helfen: „Ich entlasse .... in die Vergangenheit!" Eine hierzu passende Visualisierung: Sie schreiben etwas mit der eigenen Schrift auf eine Schiefertafel und wischen es dann weg; oder Sie schreiben mit einem Finger auf die Wasseroberfläche und sehen zu, wie sie sich langsam wieder glättet.

Was auch immer Ihre persönliche Herausforderung ist, wichtig bleibt die „Gebetsmühle", die stets neue Wiederholung. Coué empfiehlt, wie wir gelesen haben, die Litanei, das halblaute Aussprechen („durch das Ohr zum Unbewussten"), Murphy spricht vom wissenschaftlichen Gebet; Strunz nennt es „Murmeltherapie", Eberspächer schreibt von der Notwendigkeit der „Selbstgespräche".

Wie auch immer Sie dies für sich selbst bezeichnen, zentraler Angelpunkt bleibt der Glaube an das Erreichen des Ziels. Und genau das visualisieren Sie. Nicht den Mangel, den Sie überwinden wollen, sondern den „Wunschfilm" Ihres Lebens. Sie sind der Regisseur!

Verstärker

Der Literatur-Nobelpreisträger Joseph Brodsky wurde 1940
in Leningrad geboren. In seinem wunderbaren Buch „Das
Ufer der Verlorenen" (1991) beschreibt er, dass er von
einem Freund einen Roman von Henri de Regnier geschenkt
bekam, der in Venedig spielt. Später erhielt er noch ein paar
Postkarten der Lagunenstadt und eine kleine Kupfergondel –
Sinnbilder einer ersehnten, für ihn damals unerreichbaren
Welt und Inbegriff von Freiheit. Als er 1972 aus der
Sowjetunion ausgebürgert wurde, konnte er endlich das Ziel
seiner jahrelangen Wünsche besuchen. Es wurde sein
zweiter, aber emotional erster Wohnsitz. Bis zu seinem Tod
im Jahr 1996 fuhr er jedes Jahr nach Venedig.

Manchmal braucht es neben den inneren Visualisierungen
auch äußere Hilfen, die einen dabei unterstützen, im Training
zu bleiben. Dies kann z.B. ein Foto sein oder ein Zitat. Eine
Klientin schrieb die gemeinsam erarbeitete Formulierung auf
einen kleinen schmalen Zettel und hängte ihn an einem
Faden über den Arbeitsplatz. Er bewegte sich wie ein
Mobile – und er bewegte Sie. Auch ein Talisman oder ein
kleiner Handschmeichler kann an das selbst gewählte Ziel
erinnern.

Oder Sie kombinieren Ihren persönlichen Slogan mit einem
kleinen Bild und entwerfen sich Lesezeichen und

Notizzettel, die überall zur Hand sind. So haben Sie Ihr Ziel immer wieder vor Augen, werden erinnert und motiviert. Je nachdem welcher der drei „Wahrnehmungskanäle" (Markova, 1993), nämlich auditiv, visuell oder kinästhetisch, von Ihnen bevorzugt wird, sollten Sie Ihren Helfer gestalten

Die Geruchsempfänger in der Nase, die Riechzellen, sind direkte Verlängerungen des Hypothalamus im Zwischenhirn. Dieses Hirnareal ist für viele Körperfunktionen verantwortlich wie Herzschlag, Blutdruck, Durst, Hunger, den Schlaf- und Wachzyklus. Hier werden auch Botenstoffe erzeugt, die das Gedächtnis und das Gefühlsleben beeinflussen. Darum kann es förderlich sein, im Rahmen des Mentaltrainings bestimmte Düfte einzusetzen. Denn Düfte gehen direkt in die Hirnzentren, in denen die Emotionen bearbeitet und gespeichert werden.

Bei Spitzensportlern wird dies schon lange angewandt. Wie bei den Pawlow'schen Hunden wird eine Konditionierung dadurch erreicht, dass Training und Duft kombiniert werden. Direkt vor dem Wettkampf wird noch einmal an einem Tüchlein mit dem entsprechenden Aroma gerochen.

Für unterwegs gibt es sogenannte Reiseduftsteine, die im Auto oder Hotelzimmer den entsprechenden Duft verbreiten. Das Gehirn wird so an die damit verbundene Zielvorstellung erinnert und führt zu der entsprechenden emotionalen, zielgerichteten Umstellung.

Über die individuelle Zusammensetzungen von Düften können bestimmte Gefühlszustände und körperliche Reaktionen verstärkt werden, z.B. Mut, Zuversicht, Selbstvertrauen, Entspannung, Loslassen oder Angstreduktion. Je nach der Anforderungssituation gibt es Duftkombinationen, die Sie auch entsprechend der eigenen

Vorliebe variieren können. In der Literatur zur Aromatherapie und in Kursen der Volkshochschulen oder anderer Institutionen finden Sie entsprechende Anleitungen.

Um der inneren Kompassnadel eine anhaltende Ausrichtung zu geben, ist es wichtig, sich immer wieder Anregungen für diesen Weg zu holen. Im Buddhismus spricht man von „Belehrungen", die regelmäßig durch die Meister erfolgen, damit die Schüler sich nicht vom inneren Weg abbringen lassen. Bei den vielen negativen Informationen, mit denen wir in Nachrichtensendungen, Fernsehprogrammen und Erzählungen täglich konfrontiert sind, ist die mentale Entgiftung von essentieller Bedeutung.

Das Leben der meisten Menschen ist mit seiner Vielschichtigkeit, Informationsfülle und Hektik nicht förderlich für einen bewussteren inneren Prozess der Geradlinigkeit und Achtsamkeit. Für die „occupati" (Seneca), die stets mit dem Weiterkommen Beschäftigten, können „Stundenbücher" hilfreich sein, die auf dem Nachttisch liegen, neben dem Sofa, vielleicht sogar im Auto, in der Handtasche, Aktentasche und dem Reiseköfferchen. So können sie in den unterschiedlichsten Situationen immer wieder in die Hand genommen werden.

Hier eine kleine Liste derjenigen Bücher, die ich Ihnen dazu ganz besonders an Herz legen möchte:

Marc Aurel: Wege zu sich selbst
Seneca: Vom glückseligen Leben
Dalai Lama: Ratschläge des Herzens
Rainer Maria Rilke: Gedichte
Pema Chödrön: Geh an die Orte, die du fürchtest
Thich Nath Hanh: Zeiten der Achtsamkeit
Alain de Botton: Trost der Philosophie

Richard David Precht : Wer bin ich und wenn ja, wie viele ? Vielleicht schreiben Sie sich aber auch selbst mit der Zeit ein Stundenbüchlein mit Ihren Lieblingszitaten, eigenen Gedanken und Träumen, und nehmen dies auch als Glückstagebuch, das Ihren Blickwinkel für den ressourcenorientierten Weg weiter schärft. Erfolg kann auch als die Summe der gelösten Aufgaben angesehen werden. Ein Erfolgstagebuch kann Sie dabei unterstützen.

Wenn Sie gerne Musik hören, wenn Musik Ihnen hilft, sich zu entspannen, Ihnen Sicherheit und Geborgenheit vermitteln kann, dann wählen Sie sich eine sanfte Musik, die Gelassenheit ermöglicht und die sie als ihre persönliche „Hymne" mit Ihren inneren Wunschvorstellungen verbinden können.

Ich nenne all dies die „Gefühlsreflektoren", denn Sie projizieren die aktuellen und die gewünschten Gefühlszustände in die Töne, Gerüche und Bilder. Und diese reflektieren Ihnen die eigenen Zustände zurück. Je intensiver die Gefühlsreflektoren, je mehr Sinne gleichzeitig angesprochen werden, desto intensiver ist auch die Möglichkeit des inneren Dialogs. Denken Sie daran: das Selbst ist primär ein Körperselbst. Also geht es bei der inneren Umstellung um ein ganzkörperliches Erleben. Es soll Ihnen in Fleisch und Blut übergehen.

Eine wichtige Motivationsförderung ist die Belohnung für das Erreichen von Zielen oder Teilzielen. So wird Ihre Motivation für die Weiterführung des Trainings verstärkt. Vielleicht machen Sie ein Arbeitsessen mit Ihren realen Helfern. Feiern Sie etwas, das mit einem umständlichen aber zutreffenden Wort benannt wurde: Selbstwirksamkeitserleben. Sie haben auf der zurückgelegten Wegstrecke erlebt, dass Sie selbst das Ruder in der Hand haben, dass Ihre Initiative Sie und Ihre Welt verändert hat.

Eins muss er wieder können: *fallen*,
geduldig in der Schwere ruhn,
der sich vermass, den Vögeln allen
im Fliegen es zuvorzutun.
Rainer Maria Rilke „Das Stundenbuch"

Das Gras wächst nicht schneller, wenn
man daran zieht.
Afrikanisches Sprichwort

Loslassen

Wir wissen es seit mehr als 100 Jahren, seit es Emile Coué
beschrieben hat:
Der Wille allein führt nicht zu einer Veränderung!

Wie oft schon haben sich Menschen vorgenommen, ein
bestimmtes Verhalten zu unterlassen; nicht mehr zu rauchen
oder nicht so viel zu essen. Meist hat sich gezeigt, dass es so
nicht klappt. Die passende innere Einstellung kann nicht
über einen inneren Zwang erreicht werden, sondern über die
Zuversicht, dass sich die Veränderung mehr oder weniger
von alleine in die gewünschte Richtung entwickeln wird.

Für manche Ziele ist darum die folgende innere Formel am
Ende der Übung hilfreich: „Es geht vorüber!"

Die Willensanstrengung ist, wie schon Coué beschrieb,
kontraproduktiv. Der Wille kann nur der erste Funke sein,
die Initialzündung, die etwas in Gang bringt. Wichtig ist die
Absicht - aber ohne Bindung an das Ergebnis!

Es gilt loszulassen. Aber wir dürfen auch nicht am Loslassen festhalten. Das Loslassen ist kein Willensakt. Letztendlich gilt es sogar, auch das Loslassen loszulassen!

Es ist nicht wichtig, wann, wo oder wie das Gewünschte in Erfüllung geht. Wenn wir beseelt sind von unserer Vision wird aus unserer Gedankenenergie das wirklich passende Ziel wie von einem Autopiloten ganz von selbst angesteuert.

Anwendungsbereiche

Ob Placebos, Wallfahrten oder schamanische Rituale; unser Körper ist in hohem Masse beeinflussbar. Die leib-seelische Einheit ist uns allen vertraut. So rufen zum Beispiel Erinnerungen an den Geruch eines geliebten Menschen Gefühle hervor, die wiederum biochemische Veränderungen bedingen. In deren Folge kommt es zu mentalen Prozessen. Letztlich erleben wir uns dann nicht nur in unserer Psyche, sondern auch in unserem körperlichen Selbsterleben anders. Denken Sie nur einmal kurz daran, wie Sie sich nach einem Waldlauf oder einer Bergwanderung besser spüren können und schon fühlen Sie sich in sich selbst besser beheimatet.

Mit einer geistigen Reise durch den Körper lassen sich Krankheitsherde aufsuchen, lässt sich die Durchblutung steigern, der Muskeltonus und die Beweglichkeit verbessern. Untersuchungen an Verletzten haben gezeigt, dass das mentale Veränderungspotenzial bei etwa 70% dessen liegt, was krankengymnastisch erreicht werden kann.

Über Musik kann eine verstärkte Endorphinausschüttung und in deren Folge eine deutlich geminderte Schmerzempfindlichkeit erreicht werden. Gerade im Bereich der Psychosomatik gibt es viele Anwendungsmöglichkeiten für das Mentaltraining. Dazu gehören insbesondere Probleme mit dem Schlaf, dem Gewicht, chronischen Schmerz- oder Reizzuständen.

Auch bei Prüfungsängsten oder Konzentrationsproblemen kann das Mentaltraining helfen. Oder auf der Suche nach der Lösung für ein bestimmtes Problem. Gerade dann nämlich braucht es viel Ruhe, um neue Möglichkeitsräume spielerisch zu erschließen. Denn meist liegt die Lösung nicht in der Alternative zwischen A oder B, sondern in einer Idee für C. Durch die Aktivierung innerer Berater, die Projektionen der eigenen inneren Ressourcen darstellen, können kreative und häufig überraschende Lösungen erschlossen werden.

Weitere Ziele können eine Steigerungsfähigkeit von Lebensfreude, Entscheidungsfähigkeit und Lernbereitschaft sein. Soziale Ängste können abgebaut, Hemmungen überwunden werden und eine Hinwendung zu einer aktiveren, selbstbestimmten Lebensgestaltung ist möglich. Auch eine begleitende Hilfestellung bei der Lösung von Abhängigkeiten (Nikotin, Alkohol, Spielsucht) liegt im Wirkungsbereich des Mentaltrainings.

Neben vielen Anwendungsmöglichkeiten soll auch das Loslassen erwähnt sein, das Entlassen von etwas Unabänderbarem in die Vergangenheit. Dies ist zum Beispiel dadurch möglich, dass man in der Vorstellung etwas ins Wasser schreibt, das sich dann von selber auslöscht. Denn das Wasser ist das Symbol für den Fluss des Lebens. Wasser passt sich jeder Situation geschmeidig an. Mit dem Loslassen des Unabänderlichen steht man nicht mehr am Ufer des Lebensflusses sondern ist dessen Teil. Wiedergewonnene Freiheit ist die Folge.

Wie auch immer Ihr Ziel beschaffen sein mag, das Mentaltraining verschafft Ihnen Ordnung, Konzentration und Klarheit. Und es ist mit jeder anderen Methode kombinierbar, die Ihnen persönlich hilfreich erscheint.

Mentaltraining mit Kindern und Jugendlichen

Für die Kinder und Jugendlichen ist es unsere vordringlichste Aufgabe, ihnen einen Möglichkeitsraum zu eröffnen, der ihren Begabungen und Neigungen entspricht. Und sie zu ermuntern, ihre eigenen Stärken zu leben und visionäre Zukunftsentwürfe zu entwickeln.

Das Mentaltraining bietet eine gute Möglichkeit für Kinder, die inneren Ressourcen zu nutzen und sich in Ruhe und Konzentration den vor ihnen liegenden Aufgaben und den inneren Zielvorstellungen zu widmen. Wenn sie nicht schon die Fähigkeit zum Spielen eingebüsst haben, weil eine am Faktischen orientierte Gesellschaft eher Leistung als Kreativität fordert und fördert, dann können Kinder und Jugendliche mit dem Mentaltraining neue Möglichkeitsräume für sich entdecken.

Es hilft bei der Steigerung von Konzentration und Gedächtnisleistung, unterstützt beim Stressabbau und ermöglicht damit bessere Leistungen in der Schule. Das Mentaltraining kann auch, in der Kombination mit Entspannungsverfahren und kreativen Angeboten, dabei helfen, Problembereiche anzugehen.

Zentrale Aspekte des Mentaltrainings finden sich in den lösungsorientierten Ansätzen der Kurzzeitpsychotherapie, wie sie besonders in den USA und Skandinavien entwickelt wurden. Schwierigkeiten werden nicht mehr als Probleme gesehen, sondern als mangelnde Fähigkeiten (Furman, 2005). Damit liegt die Aufmerksamkeit nicht mehr auf dem Defizit, sondern auf dem angestrebten Ziel.

Kinder haben von sich aus ein breites Repertoire an guten Orten und inneren Begleitern: Feen, Tiergestalten und Schutzengel geben Kraft und in Baumhäusern, Höhlen und Phantasieschlössern finden sie Sicherheit, Geborgenheit und Zuversicht. Diese Möglichkeiten können dabei helfen, soziale Hemmungen zu überwinden, Ängste zu lösen, psycho-somatische Erkrankungen zu behandeln. Aufmerksamkeits- und Konzentrationsmängel können positiv beeinflusst werden und die Schulleistungen werden besser.

Mit den Jugendlichen ist es anders. Sie sind an der Peer-group der Gleichaltrigen orientiert und suchen eher strukturierende Möglichkeiten, um mit den kreuz und quer feuernden Neuronen besser fertig werden zu können. Ihr Gehirn verkleinert sich in der Pubertät anfangs um etwa 30% und wird dann über viele Jahre hinweg in einer neuen Struktur aufgebaut. Ein Prozess, der erst zwischen 21 und 23 Jahren seinen Abschluss findet. Das Mentaltraining kann in dieser verletzlichen Phase helfen, eine gute innere Richtung zu finden und Haltepunkte in einer manchmal unverständlichen, sich chaotisch anmutenden Welt aufzubauen.

Woran arbeiten Sie?", wurde Herr K.
gefragt. Herr K. antwortete: „Ich habe
viel Mühe, ich bereite meinen nächsten
Irrtum vor."
B. Brecht: Kalendergeschichten

In Deutschland entscheiden über einen
Menschen nicht Vorzüge sondern
Einwände. Einwandfrei muss der Mensch
sein und die Sache ‚tadellos'. Einwandfrei
aber ist nur die klare, runde, tadellose
Null.
Walther Rathenau

Möglichkeiten und Grenzen

„In den alten Zeiten, wo das Wünschen noch geholfen hat,
lebte ein König ...". So fängt das Märchen vom Froschkönig
an, und es endet damit, dass dem eisernen Heinrich die
Eisenbänder vom Herzen fallen, „weil sein Herr erlöst und
glücklich war."

Erlöst und glücklich wären doch alle gerne. Hat man nicht so
viele Methoden genannt, die das Glück vom Himmel holen?
Gibt es nicht überall die schnellen Antworten und Lösungen,
bei Motivations- und Persönlichkeitstrainern, in Sekten, Kult,
Esoterik und Ratschlaggebern? In einer Zeit großer
spiritueller Bedürftigkeit gibt es neben den Religionen überall
die Gelegenheit zu ozeanischen Glücksgefühlen im Einssein
mit einer fantasierten Allmacht. Grenzenlosigkeit ist angesagt
und die "Selbsterlösungsbotschaft" des positiven Denkens
(Scheich, 1997).

„All the things you could be by now, if Sigmund Freud's wife was your mother" heisst ein Jazzstück, das Charles Mingus 1940 komponierte. Was wäre aus Ihnen geworden, wären Sie die Kinder dieses Genies gewesen? Was hätte Ihnen das Leben schon zum Start als Mitgift bereitgestellt, wären Sie Töchter und Söhne großartiger, reicher Eltern.

Nun, es ist meist nicht so. Also erkennen Sie die Begrenztheit Ihrer Lebensausstattung an und arbeiten Sie an den persönlichen Nahzielen. Trainieren Sie täglich: konsequent und absichtslos, ruhig und beharrlich, nur sich und nicht die anderen verändernd und mit der Gewissheit, dass es zum Erfolg führt, wenn Sie sich von der kurzsichtigen Bedürfnisbefriedigung frei machen und dafür selbst weiter entwickeln. Der Alltag ist die Übung!

Vielleicht lernen Sie, Unabänderliches zu akzeptieren. Und möglicherweise gelingt es Ihnen sogar, sich durchlässig zu machen, so dass manche Trübsal des Alltags Ihnen nicht bleibend anhaftet. Entwickeln Sie Ihre ganz persönliche Identität, nicht mehr eine Patchworkidentität aus den aktuellen Zeitgeistströmungen, in denen Ihnen die Lieferanten einfacher und schneller Antworten das Heil versprechen.

In der suchtartigen Suche nach dem schnellen Erfolg und dem immerwährenden Aufsuchen stets neuer Veranstaltungen kommt es nämlich zur Regression auf eine kindliche Entwicklungsstufe: es entstehen Abhängigkeiten, wo Eigenverantwortlichkeit und Anerkennung der eigenen Begrenztheiten und äußeren Hindernisse notwendig wären, sowie ein Sich-Wehren gegen die Diktatur des Erfolgs. Im „psycho- und sozialdarwinistischen Machbarkeitswahn" (Goldner) kommt es zum infantil anmutenden Versuch der Teilhabe an der fantasierten Allmacht der Motivations- und Erfolgstrainer. Wer aber keinen Erfolg hat, hat nicht genug geglaubt oder nicht richtig geübt. So wird das Versagen personifiziert, auf den Kursteilnehmer verschoben und es bleibt unberücksichtigt, dass die Menschen sehr unterschiedliche Veränderungspotenziale besitzen. Für Veränderungen sind immer noch zwei Aspekte unerlässlich: Selbstvertrauen und sorgfältige Vorbereitung.

Was uns auch immer von den Machern vorgebetet wird: manches ist, wie es ist! Wenn Sie die Dinge so sehen, wie sie sind und nicht am Verändernwollen anhaften, wenn der Geist achtsam, weich und offen ist und wenn Sie manche Dinge so akzeptieren können, wie sie sind, dann sind Sie frei. Dann sind Sie auch frei von der Idee, dass nur das angestrebte Ziel die einzig wahre Lösung bietet.

Es gibt nicht nur Ziele im Leben, es gibt auch die Kunst der Ignoranz, die Absage an bestimmte Strömungen des Zeitgeists, an Mainstream, Machbarkeitswahn, Selbstausbeutung und Selbstvermarktung.

Dem Diktat von Fröhlichkeit und Machbarkeit steht der wahre Glückszustand gegenüber, den Sie erreichen, wenn Sie eins sind mit sich und Ihrer Umwelt. Dann kann es zum „Flow" kommen, diesem anhaltenden Glücksgefühl, das auch dadurch gekennzeichnet ist, dass Äußeres nicht im Vordergrund steht. „Die eigentlichen Geheimnisse auf dem Weg zum Glück sind Entschlossenheit, Anstrengung und Zeit" sagt der Dalai Lama (zit. nach Klein, 2002).

Vielleicht kann mit dem Erreichen einiger Ziele auch ein Gefühl dafür entstehen, dass Sie Ihre Energie nicht mehr dafür verwenden wollen, um manchen Erfolgen hinterherzulaufen, die Sie gar nicht mehr wollen, wenn Sie sie haben oder die Ihrem Leben keinen wirklichen Sinn geben. Dann können Sie sich frei machen von der Sklaverei der Wünsche und sich dem Gedanken zuwenden, was Sie dieser Welt schenken wollen. Das ist dann der Schritt zu einem wirklich erfüllten Leben in Selbstbestimmung und Freiheit. „Wir sind Gefangene des Bildes, das wir in anderen hervorrufen wollen," (Dalai Lama, 2003).

Literatur

Achterberg, Jeanne: Heilung durch Gedankenkraft. Die heilende
    Kraft der Imagination. Scherz, München 1989
Arntz, William et al.: Bleep. Vak, Kirchzarten 2006
Aurel, Marc: Wege zu sich selbst. dtv, München 2006
Bauer, Joachim: Das Gedächtnis des Körpers. Wie Beziehungen und
    Lebensstil unsere Gene steuern. Piper. München 2004
Bauer, Joachim: Warum ich fühle, was du fühlst. Intuitive Kommunikation
    und das Geheimnis der Spiegelneurone. Heyne, München 2006
Brodsky, Joseph: Ufer der Verlorenen. Carl Hanser, München 1991
Carnegie, Dale: Sorge dich nicht, lebe. Bertelsmann, München 1957
Czikszentmihaly, Mihaly u. Susan Jackson: Flow im Sport. Der Schlüssel zur
    optimalen Erfahrung und Leistung. BLV, München, 2000
Chödrön, Pema: Geh an die Orte, die du fürchtest. Arbor, Freiamt 2002
Coué, Emile: Autosuggestion. Oesch, Zürich 1997
Dalai Lama: Ratschläge des Herzens. Diogenes, Zürich 2003
de Botton, Alain: Trost der Philosophie. Fischer, Frankfurt/Main 2001
Dornes, Manfred: Der kompetente Säugling. Fischer, Frankfurt/Main 1993
Eberspächer, Hans: Gut sein, wenn's drauf ankommt. Die Psycho-Logik des
    Gelingens. BLV, München 2004
Eberspächer, Hans: Mentales Training. Ein Handbuch für Trainer und
    Sportler.Copress, München 2001
Flügge, Manfred: Heinrich Schliemanns Weg nach Troia. Die Geschichte
    eines Mythomanen. dtv, München 2001
Foerster, Heinz von u. Bernhard Pörksen: Wahrheit ist die Erfindung eines
    Lügners. Carl Auer, Heidelberg 2003
Friebe, Margarete und Günter: Das Alpha-Training. Drei-Eichen,
    München 1983
Furman, Ben: Ich schaffs! Spielerische und praktische Lösungen mit
    Kindern finden. Carl Auer, Heidelberg 2005
Gay, Peter: Freud. Eine Biographie für unsere Zeit.
    S. Fischer, Frankfurt/Main 1989
Gawain, Shakti: Stell dir vor. Kreativ visualisieren.
    Rowohlt, Reinbek bei Hamburg 2005
Goldner, Colin; zit. nach Christian Schüle: „Die Diktatur der Optimisten".
    Die Zeit 25/2001
Hill, Napoleon: Denke nach und werde reich. Die Erfolgsgesetze.
    Hugendubel, München 2005
Hüther, Gerald: Die Macht der inneren Bilder. Wie Visionen Gehirn, den
    Menschen und die Welt verändern.
    Vandenhoeck & Ruprecht, Göttingen 2004

Kast, Verena: Imagination als Ort der Freiheit. Dialog zwischen Ich und
    Unbewusstem. dtv, München 2003
Klein, Stefan: Die Glücksformel. Rowohlt, Reinbek 2002
Langer, Ellen: Aktives Denken. Wie wir geistig auf der Höhe bleiben.
    Rowohlt, Reinbek 1991
Lazarus, Arnold A. und Clifford N. Lazarus: Der kleine Taschentherapeut.
    Klett-Cotta, Stuttgart 2004
Löhr, Jörg: Lebe deine Stärken! Econ/Ullstein, München 2004
Markova, Dawna: Die Entdeckung des Möglichen.
    Verlag für angewandte Kinesiologie, Freiburg 1993
Matt, Peter von: Die Opus-Phantasie. Psyche 33/1979, Seite 193-212
Maturana, Humbert R. & Francisco J. Varela: Der Baum der Erkenntnis.
    Die biologischen Wurzeln des menschlichen Erkennens.
    Goldmann, München 1987
Mohr, Bärbel: Bestellung im Universum. Omega, Aachen, 2002
Murphy, Joseph: Die Macht Ihres Unterbewusstseins. Ariston, 2002
Precht, Richard David: Wer bin ich und wenn ja, wie viele? Goldmann
    München 2007
Reddemann, Luise: Imagination als heilsame Kraft.
    Pfeiffer/Klett-Cotta, Stuttgart 2001
Rilke, Rainer Maria: Die Gedichte. Insel, Frankfurt/Main 2006
Roth, Gerhard: Fühlen, Denken, Handeln. Wie das Gehirn unser Verhalten
    steuert. Suhrkamp, Frankfurt 2001
Scheich, Günter: ‚Positives Denken' macht krank.
    Eichborn, Frankfurt/Main 1997
Seligman, Martin: Pessimisten küsst man nicht. Optimismus kann man
    lernen. Knaur, München 1993
Seneca: Vom glückseligen Leben. Reclam, Stuttgart 2005
Sheldrake, Rupert: Das Gedächtnis der Natur. Scherz, München 1990
Siefer, Werner u. Christian Weber: Ich. Wie wir uns selbst erfinden.
    Campus, Handeln. Spektrum, Akad. Verlag Frankfurt/M. 2006
Simonton, Carl: Prinzip Mut. Die Aktivierung der Selbstheilungskräfte bei
    Krebs. Heyne, München 1989
Solms, Mark & Oliver Turnbull: Das Gehirn und die innere Welt.
    Neurowissensch. u. Psychoanalyse. Walter, Düsseldorf 2004
Spitzer, Manfred: Geist im Netz. Modelle für Denken und; Heidelberg 1996
Spitzer, Manfred: Nervenkitzel. Neue Geschichten vom Gehirn.
    Suhrkamp, Frankfurt/Main 2006
Strauch, Barbara: Warum sie so seltsam sind. Gehirnentwicklung bei
    Teenagern. Berlin-Verlag, Berlin 2003
Strunz, Ulrich: Das Mentalprogramm. Heyne, München 2005
Suzuki, Shunryu: Zen-Geist, Anfänger-Geist, Theseus, Berlin 2000
Thich Nhat Hanh: Zeiten der Achtsamkeit. Herder, Freiburg 1996

Register

Autor

Dr. Gerhard Vilmar arbeitete nach dem Medizinstudium in verschiedenen Institutionen und ist seit mehr als 20 Jahren als Therapeut, Supervisor, Dozent und Coach selbständig tätig. Er lebt mit seiner Familie bei Rosenheim.

info@gerhard-vilmar.de

In Vorbereitung: Der Paar-Coach
Der Life-Coach

Der Erlös dieses Büchleins geht an Sascha e.V. Der gemeinnützige Verein unterstützt Kinder und Familien in verschiedenen Ländern der Welt. Näheres unter www.sascha-ev.de